和孩子谈谈性

吕邹沁 主编

图书在版编目（CIP）数据

和孩子谈谈性 / 吕邹沁主编 . –– 哈尔滨 : 黑龙江
科学技术出版社 , 2025. 4. –– ISBN 978–7–5719–2749–3

Ⅰ . G479

中国国家版本馆 CIP 数据核字第 20256HH149 号

和孩子谈谈性

HE HAIZI TANTAN XING

吕邹沁　主编

出　　版	黑龙江科学技术出版社	
地　　址	哈尔滨市南岗区公安街 70–2 号	
邮　　编	150007	
电　　话	（0451）53642106	
网　　址	www.lkcbs.cn	

责任编辑　马远洋

装帧设计　深圳·弘艺文化 HONGYI CULTURE

印　　刷	哈尔滨市石桥印务有限公司	
发　　行	全国新华书店	
开　　本	710 mm×1000 mm　1 / 16	
印　　张	10	
字　　数	158 千字	
版次印次	2025 年 4 月第 1 版　2025 年 4 月第 1 次	
书　　号	ISBN 978–7–5719–2749–3	
定　　价	42.00 元	

PREFACE

前言

现代社会，儿童性教育已经成为不容忽视的社会话题，也是孩子们成长过程中无法回避的重要教育问题。

随着互联网和社交媒体的普及，孩子们可以很容易地接触到各种关于性的信息，但这些信息并不总是准确或健康的。孩子无论是在婴儿期、幼儿期，还是学龄期、青春期等，都会对身体和性别产生好奇，家长需要给予正确的引导和解释。我们有责任确保孩子们获得科学的性教育，帮助他们形成正确的认知，学会善待他人，建立健康和负责任的性观念。

科学的性教育不仅仅是教导孩子有关生理方面的知识，更应该包括性健康、性别平等、个人边界等内容。通过性教育，我们可以帮助孩子们树立正确的性观念，促进他们身心的健康发展，预防性侵犯和性骚扰，以及帮助他们建立健康的人际关系。

要对孩子进行性教育，首先必须打破传统的沉默和封闭，让性教育成为一个开放、自然的话题。家长和其他教育者需要创造一个安全、包容的环境，鼓励孩子提出问题，分享他们的想法和疑虑。当处在这样的氛围中时，孩子们往往更愿意接受性教育，并且从中受益。

在与孩子谈论有关性的话题时，我们也需要考虑到孩子的年龄和发展阶段。针对不同年龄段的孩子，我们可以采用不同的方式和语言进行性教育。比如，对于年幼的孩子，我们可以通过故事、游戏和简单的解释来介绍身体结构和性别概念；而对于青少年，我们则可以深入探讨性健康、性行为、避孕方式和性别认同等问题。

本书针对家庭性教育过程中家长实际遇到的问题和亟待解答的疑问进行了系统梳理，基本涵盖了孩子在成长过程中必须面对的各种性知识，包括家长必备性知识、男女生性发育的不同生理问题、0~6岁孩子探索身体的奥秘、7~12岁青春期前的性教育等，内容既全面又轻松。

儿童性教育是一个复杂而重要的成长话题，关乎每个孩子的成长和幸福，让我们一起努力，为孩子们提供全面而健康的性教育，帮助他们成长为自信、负责任的成年人。

CONTENTS

目录

目录

CONTENTS

目录

CONTENTS

第一章
性教育，孩子成长中必不可少的一课

性教育是孩子成长过程中不可或缺的一部分。它不仅涉及生理知识，更是包括情感、关系和尊重的教育。通过性教育，孩子能够正确理解身体变化，增强自我保护意识，预防性侵犯等不良行为。

父母是否谈性色变？

"妈妈，我是从哪儿来的？"

"妈妈，你是怎么把我生出来的？"

"爸爸妈妈在一起，是怎么把我生出来的？"

"为什么女生蹲着尿尿？"

"为什么男生站着尿尿？"

"为什么女生没有小鸡鸡？"

"我长大一定要娶妈妈！"

"我长大一定要嫁给爸爸！"

…………

以上这些并不算"尴尬"的出生和性别问题，很多父母都或多或少被孩子问过。当孩子开始对自己和别人的身体表现出好奇，甚至喋喋不休地追问时，父母又该怎么解释呢？

性与人类的生活息息相关，从每个孩子的出生到身体的日渐发育；从逐渐开始自我性别认同，发展到对异性产生好感；从学会如何表达爱意，到学会如何表达亲密……其实，每个人的一生都受其影响。

形成健康的性理念，离不开家长的家庭性教育，我们要认识到性并不可耻，应科学帮助孩子从多个角度正确地理解性，树立正确的性观念，避免孩子被错误的性观念误导一生。

很多家长因为要和孩子谈性说爱，觉得难以启齿。但是，对于孩子来说，关于性、性别、生殖器官等，只是他们成长生活中日益好奇、需要探索的一个话题。成年人，不要过度解读性教育。

随着现代社会网络社交的发展，接触的信息非常多，包括跟性教育相关的各种话题，若孩子成长中缺乏性教育，极易导致身心受到伤害的事件屡屡发生。可是作为孩子的第一任老师，父母必须对孩子的性教育负起责任，不能视而不见。如果要开始性教育，那么针对不同年龄段的孩子又有不同的教育方式和技巧。

家庭性教育包括哪些内容?

性，并不单单指男女之间的性交配，还是联结着人类个体的生命、健康、隐私、自我认知、自我保护、性心理与人格健康等的纽带，是人们正常的生理需求和生理行为。

儿童性教育是指对儿童进行有关性科学、性知识、性道德和性文明教育培养的过程。不光要对孩子进行知识上的教育，更要对孩子进行人格上的教育。将性知识与性道德有机地结合起来，将性生理知识与性心理知识巧妙地渗透在人格教育中，坦然地回答孩子提出的性问题，为孩子构建健康的人格。

家庭性教育同样涵盖了多个方面，主要包括以下内容:

身体认知和发育

教导孩子有关身体结构、器官功能以及生理变化的知识，例如生殖器官的作用和发育过程。

性别认同

帮助孩子理解自己的性别身份，包括男性和女性的特征、角色和社会期待。

性与感情

讨论性和感情之间的关系，如何识别和表达感情，以及理解性行为与情感之间的区别。

性健康和性行为

介绍安全性行为和性健康的重要性，包括避孕方式、性传播疾病的预防、性行为的责任和后果。

个人价值观和尊重意识

培养孩子对自己和他人的尊重，理解并尊重每个人的边界和个人选择。

亲密关系

讨论亲密关系的不同形式，如友情、亲情和爱情，以及如何建立和维护健康的亲密关系。

社会与文化影响

探讨社会和文化对性观念和行为的影响，以及如何在这些影响下保持自主权和自我决策能力。

沟通与解决问题

培养孩子开放的态度和尊重他人的意识，教导他们如何处理与性相关的问题和困惑，以及如何寻求帮助和支持。

家庭性教育应该以孩子的年龄、成熟程度和家庭价值观为基础，以开放、诚实和尊重为原则来进行。健康科学的家庭性教育有助于孩子在一个安全的环境中，逐步形成健康的性观念和行为模式。

家庭性教育不可忽视，也不可操之过急、揠苗助长。因为每个年龄段的孩子有其相应的心理和生理认知，家长一下子讲得过多，孩子可能也是懵懵懂懂的，我们可以针对孩子的年龄心理发展情况，进行重点讲解。

不同年龄段的孩子应选择的家庭性教育内容

年龄	家庭性教育内容	典型疑问
0~3	建立安全感	为什么不能摸妈妈的乳房？ 为什么不能跟妈妈一起睡？
2~4	出生教育 性别认知 认识隐私部位	我从哪里来的？ 为什么女生没有小鸡鸡？ 什么是隐私部位？
3~5	确定行为界限 爱护生殖器官	为什么要遮住隐私部位？ 为什么不能掀女生的裙子？ 为什么不能把手、玩具等东西放在或塞进隐私部位？

（续表）

年龄	家庭性教育内容	典型疑问
4~6	认识自己的身体 爱护隐私器官 保护身体隐私器官	身体这些部位的名称是什么？ 怎么区分好的接触与坏的接触？
6~9	性别认同 预防性侵害 保护自己的隐私器官	男生与女生为什么不能像幼儿园一样睡在一间教室里？ 男生和女生为什么要保持一定的距离？ 什么样的行为是性侵害？ 怎么预防性侵害？ 别人不能触碰自己的隐私部位
9~12	为青春期教育做准备	我有点喜欢那个女生/男生 性器官开始发育，出现不一样的表现

儿童性教育到底从什么时候开始？

儿童性教育宜早不宜晚，从 0 岁就可以开始，6 岁前是性教育重要的启蒙阶段，也是孩子的性格、性别意识养成的关键期。而父母就是儿童性教育最重要的启蒙老师。

婴幼儿在 0~3 岁的时候，阴茎或阴蒂可能会自发勃起，这是正常的生理现象。当照料他的人为其清洁生殖器和肛门，婴儿触及自己的生殖器以及吮吸手指、乳头时，都会产生短暂、愉悦的积极感觉，属于带有安抚和镇静性质的感官愉悦。

小孩子都喜欢来自父母或其他至亲之人的拥抱、亲吻和爱抚。排便的行为也会引起婴儿轻微的愉悦感。正如弗洛伊德对婴儿的定义——多形性反常，即能够以口腔、肛门、生殖器等多种形式来获得愉悦感。

孩子的性发育、性探索从出生就开始了，这些特定区域的愉悦感尚处于萌芽状态，不会伴有幻想和记忆，也不受幻想和记忆影响。激素不会在这一阶段上升并发挥作用，性激素的大量分泌是在青春期阶段出现的，此阶段孩子进入性欲成熟阶段，会产生更稳定、更频繁、更明显的感觉。

孩子性发展是一个循序渐进的进程。对不同个体来说，这一进程也不尽相同。那什么时候适合进行性教育呢？一般情况下，从孩子出生以后，或当孩子出现第一个与性相关的活动时，比如触摸生殖器、夹被子、摩擦椅子；当孩子问出第一个与性相关的问题时，比如"我从哪里来？"父母对孩子的家庭性教育就必须开始了。

性教育是一个连续性的行为，不要一味地等待时机，觉得孩子还太小，讲这些是不是太早，等孩子到一定年龄段，再去讲这些知识。这样的性教育观念是非常落后的。孩子其实并不会像成年人一样带着某些特定兴趣去看待性。只有让孩子在合适的时间获得正确的性知识，才能让孩子更好地了解自己的身体、感受和性，也会学会如何保护自己，如何看待他人，如何与他人建立健康的交往方式，从而自然而然地形成健康的性价值观。

日常生活就是家庭教育的第一场所，父母可以通过日常生活中的小事来跟孩子谈性，就跟谈论吃饭、睡觉一样，让孩子以一颗平常心去看待性。比如：

在回答孩子的问题时，有意识地从孩子的视角谈性，孩子就会觉得"哦，原来是这样的！"

在给孩子洗澡时，告诉孩子哪些部位是别人绝对不能碰的，这个"别人"包括哪些人。

电视上偶尔出现亲吻等亲密镜头时，父母可以实时告诉孩子，这些亲密行为不是随便可以发生的，不能随便亲别人或让别人亲。

等到孩子进入青春期，一些不把性教育当回事的父母突然间就变得很焦虑，很大可能是发现孩子在看色情影片，在自慰，在早恋，发生了性行为，甚至不小心怀孕了……如果父母一直以来与孩子的话题不涉及性教育，等到孩子青春期性意识萌发冲动时再去"堵"，效果肯定不如从小就进行性教育的好。到了那个时候，孩子早已拒绝沟通了。

💡 儿童性教育的误区有哪些？

随着社会认知的现代化，很多家长开始关注儿童性教育，但是仍有许多人对性教育的认知存在各种误区。

误区 1：过早性教育会引发孩子的好奇心，诱发性早熟

错误理解： 对孩子过早进行性教育，会刺激孩子，诱发孩子性早熟，使其产生不良的性心理，更早地进行性行为。

正确解读： 虽然理解家长的担忧，但是这种认知却是错误的。实际上的调研事实恰恰相反。据联合国教科文组织发布的《国际性教育技术指导纲要》调研报告，及时对孩子实施性教育，有助于孩子初次性交行为发生时间推迟、性交行为发生频率降低、性伴侣数量减少、风险行为减少、安全套使用数量增加。

家长不告诉孩子，孩子的好奇心并不会自动消失，他们会通过自己的方式去了解。现在的孩子并不缺乏获取性信息的渠道，缺乏的是了解正确、健康性信息的方法。我们很难保证，孩子通过自己的方式获得的信息，一定是正确的、健康的。

性教育是淡化孩子的好奇心，避免盲目尝试的方法之一。及时进行性教育，不仅不会诱发性早熟，还可以通过科学的教育引导，淡化孩子的好奇心，避免孩子盲目尝试，从而有助于推迟初次性交时间、降低性交频率和减少性伴侣数量。

误区 2：太早进行性教育没有用

错误理解： 孩子还小，没有必要讲这些，讲了也没用。

正确解读： 孩子的性教育并不是简单的一堂课，是贯穿成长发育的连续性过程。永远不要嫌性教育太早，坏人不会嫌你家孩子太小。而且孩子从一出生开始，就有了性别意识。性别教育也是性教育的一部分。家庭中，父母始终在给孩子做示范、性别的不同、身体的界限感、平时的穿着等日常生活，都在无声地影响孩子的性意识。

孩子 3 岁以后，自然对性产生好奇，也会出现一些特定的行为，比如触摸自己的身体、对他人的身体好奇等。这时候父母就可以针对孩子的年龄发育特点作一些引导，不要一味回避或给予不恰当的回答，误导孩子，要教给他们尊重他人和保护身体界限的知识，建立正确的性观念。

误区 3：将男女生理性别与社会性别混为一谈

错误理解： 虽然人们一直有男强女弱、男尊女卑、男主女从的刻板印象，但我们可以把男孩当女孩、把女孩当男孩养育。

正确解读： 在培养和教育孩子的过程中，不要把男孩女孩化，或者女孩男孩化教育，以至于孩子对未来自己负担的社会角色有压力。如今随着社会的发展，男女在社会分工上，体力的优势并不再明显，女性可以和男性共同创造价值，共享成果。中性化的潮流也反映了传统社会男女性别角色的分工不是由优秀的生理条件决定的。

误区 4：性教育就是关于性交的教育

错误理解： 性教育就是有关性交的教育，不适合跟孩子谈论这些问题。

正确解读： 性教育的内容不仅仅包括性交，更涉及身体的生理发育、性心理的成熟、性别意识的形成与性别角色的认同、性隐私的保护、两性关系、社会文化等多种层面。了解这些内容对孩子形成良好的性心理、健康的价值观具有积极的意义，孩子也可以学会维护自身权益。

误区 5：性教育，有问题的孩子才需要

错误理解： 有问题的孩子才需要进行性教育，没问题的孩子不需要进行性教育。

正确解读： 孩子对性问题感兴趣，这是每个生命个体的本能。如果孩子表现出更大的兴趣、更强的好奇心，并不代表孩子有问题。那些父母眼中"没问题"的孩子，可能只是压抑了自己的好奇心而已。满足孩子的好奇心，不仅不会给孩子造成不良影响，反而会让他们正视性问题。

误区 6：母亲负责女孩的性教育，父亲负责男孩的性教育

错误理解： 女孩就该母亲教育，男孩要交给父亲教育。

正确解读： 实施性教育，是父母的共同责任。性教育不应该只由其中一人负责。父母应统一认知，一起参与到孩子的教育中。

孩子需要在父母身上找到自己的榜样和未来，同时了解异性的特征，学

会与异性交往。父母不必因为自己的性别就故意避免和孩子讨论性问题。如果父母能坦率地和孩子一起讨论相关问题，让孩子能更健康、阳光地面对这些问题，孩子就不会随着年龄的增长，与母亲或父亲渐行渐远。

并且，在孩子成长的过程中，孩子会通过观察、模仿父母的行为及相处模式，来了解男人和女人的行为方式、穿着打扮等。

误区 7：女孩需要性教育，男孩不需要

错误理解： 在两性关系中，女孩处于弱势地位，要着重对女孩进行性教育，男孩不需要性教育。

正确解读： 现实社会中，男孩被猥亵、性侵的事件并不少，不要低估了坏人的恶意，更不要高估了男孩的自我保护能力。2015 年 11 月 1 日起施行的《中华人民共和国刑法修正案（九）》，将第 237 条中的"猥亵妇女"改为"猥亵他人"，把男性也包括在内。

男孩同样也需要性教育，因为科学、健康的性教育对男孩的健康成长起着至关重要的作用。

误区 8：孩子对性不感兴趣

错误理解： 孩子对性不感兴趣，几乎没有谈论过相关问题，孩子不问就不答，没必要主动引出这些话题。

正确解读： 性的发展和身体的发展是同时进行的。研究表明，3 岁的孩子就有了性别意识，对性开始感到好奇。孩子不问父母或不在父母面前提起，不代表孩子不感兴趣。家长需要反思与孩子的沟通方式是否有问题。是不是家长常常谈性色变的态度打消了孩子的积极性，是不是家长无法解答孩子提出的性问题，导致孩子在这方面对家长不信任。

美国权威性教育专家黛布拉·哈夫纳提出：利用生活中的"可教时刻"和"黄金机会"对孩子进行性教育的做法，远胜于对孩子进行一次"严肃的性谈话"所起的作用。

比如，看到一位孕妇时，就告诉孩子，婴儿是从哪里来的，如何出生的。

陪孩子看电视时，面对亲吻的镜头，不回避，可以告诉孩子：他们像爸爸妈妈一样相爱，这是他们表达彼此爱意的方式，但是只能跟自己非常相爱的人才可以。

给孩子洗澡的时间，是让孩子学习身体部位的最佳"可教时刻"。对3~4岁的孩子来说，除了教他们认识身体部位，还要教他们如何清理生殖器，保持健康和清洁。

误区 9：性教育是学校的事

错误理解： 学校应该承担起儿童性教育的责任，父母不需要介入。

正确解读： 学校有教育的责任，但孩子的性教育不应该仅限于学校，而且我们国家的很多学校，更多以学习、成绩为重。性教育应该是融入孩子日常生活中的，父母是孩子的第一任老师，对孩子的个性、行为也更加了解，家庭才是对孩子进行性教育的最佳场所。

误区 10：性教育就是防性侵教育

错误理解： 给孩子进行性教育，是为了让孩子保护自己，免受侵害。

正确解读： 如果长期只对孩子进行防性侵教育，很可能对孩子造成负面影响——孩子很可能会认为性是肮脏的事情，对性产生恐惧。我们平时除了防性侵这种安全教育外，还要给孩子进行更全面的科普。让孩子知道，性并不是肮脏的事情，如果被性侵，也千万不要自责。这样，在孩子遇到意外时，他们才能及时向父母求助，而不是陷入深深的自责当中。

误区 11：性教育是一次性教育

错误理解： 跟孩子谈性问题，最好一次性全讲完，后续不要一直提，总跟孩子谈性，会让人感到羞耻。

正确解读： 性教育不是一次教育就能够完成的。家长要做好随时对孩子进行性教育的准备，出现问题要及时解决，抓住合适的时间点对孩子进行性教育。性教育应该是贯穿孩子一生的教育。

误区 12：只教孩子遮住私密部位，别人不能看、不能摸、不能碰

错误理解： 性教育就是教孩子用衣服遮住私密部位，别人不能看、不能摸、不能碰。

正确解读： 年龄较小的孩子，理解力有限，许多知识需要场景化、模拟化，需要区分不同的场景，我们要用具体场景向孩子描述私密部位和身体界限。同时，需要向孩子表达的是，无论是谁接触身体任何部位，都要拒绝。这类教育可以借助短视频、绘本、游戏等方式进行，帮助孩子建立身体界限意识。

误区 13：性侵犯就是身体接触和身体伤害

错误理解： 性侵犯就是身体接触和身体伤害。

正确解读： 儿童性侵包括侵犯儿童的身心健康和儿童的权利，不一定要身体接触。引诱儿童拍色情图片，谈论让人不舒服的与性相关的话题，教唆儿童拍自己和家人的裸照……这些都属于不需要身体接触的性侵犯。

误区 14：模糊、害羞地跟孩子说生殖器官

错误理解： 日常生活中说生殖器官的名字不文雅，让人难为情。

正确解读： 男孩子有阴茎，女孩子有子宫，那个小房子就是子宫，是养育婴儿的地方，孩子是从女性阴道出生的，男女双方各有所长。

正确坦率地跟孩子说生殖器正确的名字很重要，和眼睛、耳朵、鼻子、手等人体器官一样，它们有自己的特殊功能。

误区 15：性教育讲太多不好，孩子长大后自然就懂了

错误理解： 日常性教育不用讲太多，很多问题孩子长大后自然就懂了。

正确解读： 性教育的度，重点在于孩子的理解能力。孩子能理解就多讲一点儿，孩子理解不了，就用孩子能听懂的语言、用孩子能理解的方式，给孩子讲解。

现在的孩子所生活的环境与过去不同，获取不健康的性信息的渠道越来

越多，如果家长不加以引导，孩子很可能会因为好奇，偷拍、偷看异性身体，发生不安全的性行为，甚至做出违法犯罪的事。

如何区分友好性游戏和性侵害？

假扮夫妻过家家、异性小朋友互看生殖器官、异性小朋友拥抱亲吻、男孩玩弄生殖器官……这些和性相关的行为常常发生在 3~6 岁的孩子之间。如果父母发现孩子在玩性游戏，该如何对待呢？又如何区分友好性游戏和性侵害呢？

友好性游戏

友好性游戏是孩子们表达善意、表达玩乐的一种方式，也是孩子模仿成人的一种游戏。比如玩过家家等游戏，有的孩子仅限于角色扮演，有的孩子可能还会模仿家庭中"爸爸"上下班亲"妈妈"、拥抱"妈妈"的行为。孩子通过学习和异性建立亲密关系，体验父亲以及母亲角色的情感，这是孩子性情感发展的需求。

对于这种友好的性游戏，家长不要反应过度，将游戏或个人进行复杂化解读，可以适时地引导，比如在这种角色扮演的游戏中不要亲吻。也可以找一些孩子感兴趣的活动，转移孩子的注意力。

探索式性游戏

游戏是孩子交朋友、体验乐趣以及探索环境的主要途径。而有的儿童性游戏以探究和认知为目的，受到强烈的好奇心的驱使，孩子的探究式性游戏多种多样。

比如，假扮医生病人互看身体、结婚、生宝宝、尿尿时比赛谁尿得远、男孩看女孩尿尿……这样的探究式性游戏可以满足孩子的好奇心，有助于孩子性心理的良好发展。

同性或异性之间互看生殖器官，也是孩

子识别以及认知性别的发展需求。针对这些游戏，家长也不需要过度解读，可以适当引导，比如玩游戏时不能被看隐私部位。

自玩式性游戏

有的孩子喜欢玩弄、摩擦自己的生殖器，这种行为的发展往往是一个从无意识到有意识的过程。孩子刚开始触摸自己的生殖器，可能是在探索自己的身体，触摸几次可能感觉很舒服，就会促使孩子有意无意地经常玩弄生殖器。这在孩子看来，可能只是一种比较舒服的游戏，并不是羞耻的行为。

家长如果发现孩子有这种行为，请不要严厉地批评、训斥他们，使孩子感到羞耻、无助，应该温和地劝导，比如告诉孩子这样做会影响生殖器的卫生，生殖器会生病，如果在外面这样做会影响到别人；找其他游戏、玩具，转移孩子的注意力，不要给孩子留下心理阴影。

侵犯式性游戏

5岁前的孩子可能会通过亲吻、拥抱等方式表达对对方的喜爱，这种行为比较友好，并不具有侵害性。但也有的孩子使用其他手段侵害别人的身体。比如有的男童或女童扮演"医生"体检，在教室内用手指或木棍，对女童或男童的胸部或下体等部位进行侵犯。这就属于典型的恶性侵犯式性游戏。

学龄前儿童友好性亲吻或拥抱的行为，家长不要反应过度，可以引导孩子换别的方式来表达喜欢。不征求对方的同意就亲别人、抱别人，是不礼貌的行为。跟孩子讲道理，不要一味打骂。

对于恶性侵犯式性游戏，家长要拿起法律武器保护孩子的权益，并借此教育孩子如何应对这种危险举动，不能一味地顺从，要学会反抗。

如何区分性游戏与性侵害

当孩子间发生了与性相关的行为时，家长需要判断其行为到底属于性侵害还是性游戏，弄清楚了行为的性质，我们才能够对症下药地帮助孩子。

是否符合孩子的心理发展

通常情况下，3~5 岁的孩子对身体充满了好奇和探索欲，希望更清晰地了解自己的身体，以及异性的身体。这个年龄段的孩子做的性游戏更多的是过家家、假扮游戏，也就是亲一下、拥抱一下等，这些都属于友好性游戏，契合孩子自我认知心理的发展。而 6 岁以上的孩子，性心理发展不再处于初步的探索阶段，家长除了教育，还要及时制止。

是否刻意回避他人

孩子在人多的场所进行性游戏，态度坦然，没有刻意地回避他人的意识，一般属于友好性游戏的范畴。如果孩子在进行性游戏时偷偷摸摸的，还刻意回避他人，这种行为就脱离了性游戏的范畴，家长要加以重视。

是否年龄相差过大，或超出年龄认知行为

性游戏大多发生在同龄的孩子之间。如果两个孩子的年龄相差超过 4 岁，超出其年龄阶段性探索的范围，那么就存在大孩子利用小孩子来满足自己的性欲的可能性。这就属于大孩子对小孩子的性侵行为，不再属于性游戏的范畴。

5 岁前孩子的性游戏大多是简单的过家家、结婚、生孩子等游戏，如果 5~6 岁的孩子出现了模仿成年人性交或其他行为的动作，就超出了孩子本年龄阶段性探索的范围，就不属于友好性游戏了。

是否双方平等自愿

孩子间的性游戏本着平等自愿的原则，一般是孩子自愿的行为。如果有一方强迫另一方发生与性有关的行为，就脱离了性游戏的范畴。至于是否存在性侵害，则需要结合具体情况进行分析。

是否存在恶意伤害

孩子间的性游戏以探究和认知为目的，孩子是愉悦地进行游戏的，没有主观恶意伤害对方，一般不会造成对方身体的伤害。如果有恶意伤害对方的主观意识，则不管他是否付诸了行动，都不属于性游戏范畴。

如何对待孩子之间的性游戏

家长要保护孩子正常的性心理，避免孩子接触不良的性信息，使其远离性侵害。对于友好性游戏，不要用道德品质评判孩子的性游戏行为。

不可以打骂、侮辱孩子。"无耻，下流的小孩，不知道家长是怎么管教你的！""小流氓""小坏蛋"等这样的话语，会伤害孩子的自尊，对孩子人格的建构将产生很大的危害。

引导孩子明白性游戏的行为界限，平静指导才是作为家长最好的处理方法，可以这样告诉孩子："你的隐私以及其他小朋友的隐私是不可以随便暴露的，也不可以让其他人看或者是摸。"在处理的过程中要让孩子明白父母依然爱着他。

💡 平和对待孩子的异性友谊！

每个人都需要同性朋友，也都需要异性伙伴，结交异性朋友是再正常不过的事情。家长不要捕风捉影，过度焦虑，要平和地对待孩子的异性友谊。

很多家长在孩子青春期时过度干涉孩子与异性交往，认为与异性交往是少数"坏学生"的行为，"好学生"不应该仿效；与异性交往会影响学习；与异性交往很容易发生早恋。

但是，与异性交往是青少年心理发展的正常需要，所有发育正常的孩子都会自然地产生这方面的需求。如果孩子被灌输了很多偏见，很可能自觉或不自觉地压抑自己的需求。

孩子间的异性交往，大都是正常现象，但家长也不能完全听之任之，毫不关心。因为我们的孩子还处在青春期，世界观、价值观还在形成期，思想行为还不够成熟，很容易凭一时冲动做事，需要家长在旁引导教育。

让孩子拥有自己的社交圈，与异性建立纯洁的友谊，不仅会帮助孩子学会和各种性格的朋友相处，还能培养孩子的团队与合作精神，帮助孩子培养健全的人格。这才是家长应该做的事情。

如果孩子不擅长与异性交往，家长反而还要引导他们学会和异性交往，帮助孩子克服因自闭、自卑等心理因素而带来的交往障碍。

对于和某一固定异性交往较多的孩子，家长要从不同侧面去发现孩子交往的真实目的，及时解决孩子对对方产生的感情上的依恋，引导他们树立正确的交友观。我们要让孩子明白，异性交往应该做到自然、适度。

告诉孩子把握好自己的性别角色

在与异性的交往中，男生可以展示出男子汉的魅力，如坚强果敢、不拘小节、开朗豁达、富有责任心和使命感、情绪平稳等；女生可以展示出女性的魅力，如热情活泼、善良可爱、富有同情心、善解人意等。

男女的性格互补，相互协调，会使相互之间的交往更和谐自然，也可以从异性朋友身上得到一种情感的满足。

将异性看成同性，自然交往

处于青春期的孩子对与异性交往都表现得很敏感。家长应告诉孩子，将异性当成同性来交往，坦然对待，真诚、纯洁的友谊自然会得到大家的赞赏。

注意与异性交往的尺度

　　告诉孩子，与异性交往，要注重言行，不能举止过密，超出友谊的界限。

　　交往范围：广泛不固定，多维而不单一。

　　交往场合：公开而不秘密，群体而不单独。

　　交往的态度：真诚不随便，信任而不非议。

　　友情的把握：欣赏而不痴迷，接纳而不排除。

　　交往的方式：自然而不拘谨，大方而不矫揉。

隐私部位不可触碰！

　　儿童遭受性侵害的事件屡屡发生，若要防范、应对儿童性侵害，应该让孩子从小就认识哪里是隐私部位，学会分辨与防范性侵害，增强孩子的自我保护意识。性教育对防范儿童性侵至关重要。

　　●背心和内裤遮住的地方都是隐私部位，这是属于我们身体的小秘密，绝对不可以让其他人触碰。如果有人想要触碰你的隐私部位，一定要勇敢地说"不"。也可以明确地告诉孩子："男孩的生殖器官和屁股是隐私部位，女孩的乳房、生殖器官和屁股是隐私部位。"

　　●为了让孩子对自己及异性的隐私部位有直观的认识和了解，家长可以利用绘本图片直观地教育孩子。

　　●除了隐私部位，如果有人碰身体的其他部位，让自己觉得不舒服，也可以将这个部位归类到隐私部位，明确拒绝他人触碰。

　　●隐私部位只有自己的监护人（父母或父母认可的其他家人）在帮忙洗澡、换衣服时才可以看。

　　●生病去医院时，在家长的陪伴下，医生才可以脱衣服检查身体。

●如果遇到异性小朋友要掀裙子、扒裤子，或者抱着亲亲，都可以明确告诉孩子"这是不可以的"，对待其他小朋友不好的行为，要坚决地制止、拒绝。

●如果有陌生人或熟人，想亲你、抱你、摸你的隐私部位，要勇敢说"不可以"，并大胆地告诉爸爸妈妈。

●不让别人碰自己的隐私部位，也不碰别人的隐私部位。

学会分辨他人接触的安全与不安全！

与人交往免不了与他人接触，这些行为有安全的，也有不安全的，教会孩子区分很重要。

孩子小时候并不能分辨什么样的接触是安全的，什么样的接触是不安全的。

安全的接触，一般是温暖且有尺度的，不会引起孩子及其父母的反感。比如亲人朋友间的拥抱、家人的轻轻亲吻。

很多不安全接触，往往带有不友好的主观意识，甚至带有伤害性的行为，往往会伤害孩子的身体和情感。如果有异性朋友经常触碰或捏孩子的脸颊，说一些让人不舒服的话，比如"宝贝的脸蛋好软啊，好诱人啊！"家长可以明确告诉朋友这样说对孩子不友好。同时，家长可以明确告诉孩子："不管别人说什么，不管是谁，如果一些身体触碰让自己不舒服了，就可以明确拒绝。"

很多孩子缺乏隐私保护的意识，遇到一些不安全接触也不会觉得被冒犯，更不懂得要反抗、逃跑。因此，家长需明确告诉孩子："如果有人碰了你的隐私部位，这就是不安全接触，不管对方是谁，你都要拒绝他。要及时告诉家长、老师。"

不安全的接触主要包括以下方面：

视觉隐私

指有人要看孩子的隐私部位，或者让孩子看他的隐私部位。

告诉孩子如果有叔叔、阿姨、爷爷、奶奶、哥哥、姐姐要看你的隐私部位，或者让你看他的隐私部位，这些都是不可以的。

在家长的陪伴下，医生要检查你的隐私部位，这些是可以的。

言语冒犯

指有人当着孩子的面，或者在网络上对孩子谈论自己或者孩子的隐私部位，或者用难听的语言描述身体上的某些部位，让孩子感觉不舒服。

比如："你的乳房真好看，让我看看好吗？""你的小鸡鸡太小了，我的比你的大，你想看看吗？"针对这些言语上的冒犯，家长要告诉孩子："不管对方说的话是否难听，只要涉及了隐私部位，都要提高警惕，可以选择拒绝，甚至报警。"

独处危险

指孩子单独与别人在一起而可能遇到的危险。

比如：熟悉的叔叔单独带孩子去偏僻的地方玩；陌生的阿姨去学校门口接孩子；妈妈不在身边，有个叔叔说要跟你玩个好玩的隐私游戏；邻居爷爷夸赞你长得漂亮，并趁机摸你的屁股、乳房、大腿；有个陌生人问你路，让你给他带路……

家长应该明确告诉孩子，独处时要注意危险行为。

甜蜜诱惑

指有人企图利用糖果、玩具、游戏机等孩子喜欢的东西达到诱惑孩子的目的。

比如：一个阿姨给你买糖果吃，你听她的话去做什么事情；一个大哥哥说他那里有很多玩具，你喜欢的都可以送给你；异性朋友很好奇你的性器官是什么样的，说要跟你玩游戏，互相看对方的性器官；一个爷爷说带你去打游戏机，让你答应跟他回家……

家长要明确告诉孩子，不要随意接受对方的"好意"，有什么需要告诉家长，不要随意接受陌生人的糖果、饮料、玩具。

学会和孩子"谈性说爱"！

我们越忌讳跟孩子谈性，孩子就越容易对自己的身体和心理感到困惑。基于性发育的困惑，他可能会私下做一些错误的探索，如过度自慰、偷窥异性、观看误导性视频等，这样更不利于孩子生理和心理的健康发展。

如何跟孩子"谈性说爱"，进行性教育？对很多家长来说，这是一件尴尬且棘手的事情。

家长自己谈性要脱敏

性是可以谈论的。父母需要直面性教育，不要遮遮掩掩。与其让孩子们偷偷摸摸地通过一些不正确的渠道了解"性"，家长不妨大方地跟孩子谈论"性"，让孩子对"性"有正确的认识。

性教育可以渗透在日常

父母永远是孩子的第一任老师，父母的性价值观念，对性别角色的态度，以及关于爱和性的感悟都对孩子有重要影响。父母在与孩子的日常相处中，可以自然地进行性教育。生活中有很多性教育的"黄金机会"，比如洗澡时、看绘本时、看电视时、跟其他小朋友相处时、孩子突然提出某些问题时……这些时刻在生活中可以说是无处不在的，家长可以多留心，抓住这些性教育的机会。

父母需要共同参与

孩子向父母中的一方提出性问题，父母都有责任回答孩子的问题，不要因为跟孩子的性别不同而回避。青春期的孩子在身体发育方面的问题，可由同性别的父母来进行性教育。但不管是女儿还是儿子，在询问这种问题的时候，父母都要积极参与到其中，不要刻意回避。父母若是一味回避，很可能会导致孩子好奇心加重，从而做出一些无可逆转的事情。

了解孩子提问的心态

先要了解孩子提出问题是出于什么样的心态，家长要选择正确的态度来对待这个问题。如果说孩子在提出时是因为好玩或者好奇，也不要太过紧张，或者大惊小怪，用适宜的态度去和孩子正常交流就可以了。

性教育宜早不宜迟

什么时间和孩子谈性比较合适呢？很多家长会选择等孩子询问了再说，或者等到青春期再说。但是家长如何判断孩子进入青春期了呢？如果打从孩子出生起，从未和孩子谈过性，忽然有一天，很严肃地要和孩子来谈谈关于性的问题，已长大的孩子会有什么反应呢？

如今是网络时代，孩子接收信息的渠道很多，不要等到什么"时机成熟"或是青春期来了，家长才和子女谈论性。相反，应该在孩子很小的时候就把握机会，在孩子问"我从哪里来"或"为什么女孩坐着尿尿，男孩站着尿尿"时就开始和孩子谈性。

讲述准确、科学的性知识

有些父母总是不好意思在孩子面前直接说出生殖器官或与性相关的一些名称，而采取一些隐晦的说法来代替，这是不合适的。家长给予孩子科学的知识，将"阴茎""阴囊""阴道"这些生殖器官的正确名称教给孩子，才能谈论性侵害等更深入的话题，更好地进行家庭性教育。

家长不需无所不知

家长要承认自己的性知识有限，在面对孩子千奇百怪的性问题时，父母有时候可能都不知道该如何回答。在回答不上孩子的问题时，不要回避，不要不懂装懂，更不要恼羞成怒。家长不必无所不知，可以当着孩子的面，勇敢地承认自己知识有限，告诉孩子："你问的这个问题真是太好了，我暂时不知道怎么回答你。但是我们可以一起来寻找答案，查一些资料，弄清楚这个问题。"孩子就会明白，父母也不是无所不知的人，碰到难题时家人可以一起学习，一起解决。

尊重孩子的想法

当孩子勇敢表达性想法时，如果不符合父母的期望，很多家长可能会马上否定，甚至态度比较严厉地斥责孩子。父母应该尊重孩子当下的看法。父母可以了解孩子想法背后的原因，肯定孩子提出自己的想法，再循序渐进地说明这个想法有什么合理和不合理之处，然后说出自己的想法。家长与孩子平等交流，有助于培养孩子的自尊心和自信心。

借用绘本、书籍、影视动画等媒介谈性

对于小一点儿的孩子，家长可以通过跟孩子一起阅读、探讨一些性教育的绘本，教会孩子了解自己的身体、如何保护自己。大一点儿的孩子，可以阅读性教育的书籍，或者涉及谈性说爱的书籍，家长可以跟孩子一起看，交流读后感等。这些方式都是很好地自然谈性的方法。

可以不谈隐私细节

如果孩子不太想进行对话，可能是觉得涉及隐私，也可能是觉得自己已经掌握了大部分关于性和怀孕的信息，但父母仍然应该给予一些指导。家长不必跟孩子去追究各种性教育的细节，可以从人际关系和价值观等方面进行引导。

重申安全性行为的重要性

家长还要跟孩子谈性安全问题，告诉他们使用避孕套是防止性传播疾病和避孕的方法。让他们注意性是有责任的。如果孩子羞于购买或免费获得避孕套，这可能表明他还没有真正准备好承担性责任。

创造畅所欲言的家庭氛围

不同阶段的孩子有着不同的性表现，家长可以在家里营造一种畅所欲言的氛围，让孩子随时发问，随时倾听孩子的心声。家长只有得到孩子的信任，孩子才能跟家长有更多发自内心的交流和探讨，这是"性安全教育"得以在家庭中顺利实施的关键的保障。

如何进行防"狼"教育？

儿童性骚扰，指以性欲为出发点的骚扰，带有性暗示的语言或者动作，如通过触摸异性的臀部、在儿童周围布置淫秽图片、对儿童讲黄色的笑话、传播不雅视频等行为冒犯儿童，这些都属于性骚扰的范围。

儿童性侵害，指施害者通过暴力、欺骗、物质诱惑等方式，引诱胁迫儿童与其发生性接触，或在性方面造成对儿童的伤害行为，主要包括猥亵、强奸等行为。儿童性侵害有多种形式，包括身体接触和非身体接触。受害者不仅仅是女孩，也包括男孩。

要想让孩子避免遭受性骚扰、性侵害，就要从小进行防"狼"教育，教会孩子识别和远离危险。

●坏人并不等于"长得坏"，有的人长得很好看，看上去很和蔼，可是说不定也是坏人。

●不保守坏人的秘密。给孩子强调"不要为坏人守秘密，爸爸妈妈会保护你"，如果有遭受侵害，一定要第一时间和爸爸妈妈说出真相。

●遇到危险时可以打破玻璃，破坏家具；不喝陌生人给的饮料，不吃陌生人给的糖果。

●如果家长不在家，不要给其他人开门，熟人也不行，不管发生了什么事，都要告诉爸爸妈妈。

●如果有陌生人想摸你的隐私部位，要想办法离开他，并寻求帮助，别人不相信没关系，直到找到相信并帮助你的人为止，回家后一定要告诉爸爸妈妈。

●避免单独和陌生人待在家里或密闭的环境里，家长不能接送时，不独自出门。

●任何人的任何行为，只要让你感到痛或者不舒服，就立刻反抗；即使是老师或者其他亲近的人，也要敢于对他说"不"。

●经常和孩子聊天，引导孩子说出藏在心里的秘密，并教会孩子把坏人坏事曝光。

●除了陌生人，熟人作案的事件也不少，家长应该让孩子对熟人也保持警惕之心。教会孩子对陌生人设防，对熟悉的人多一分戒心，能增强孩子的自我保护意识。

●如果跟熟人在一起时，熟人经常带着孩子一起看不健康、不文明的节目，这也属于不好的行为，孩子要及时告诉父母。

●如果单独跟熟人在一起时，熟人触碰了孩子的隐私部位，还威胁孩子不能把这件事告诉别人，孩子一定要及时告诉父母。

●不要将孩子单独交给异性成年人看管，尤其是孩子寄宿时，家长需要提高警惕性。

●要避免孩子在夜间或隐秘场所和人单独相处，即使是熟人也不应掉以轻心。

●幼小儿童出门需家长陪同。

●告诉孩子网络交友需谨慎，不要和网友私自见面。

●外出随时告知家长，不夜宿别人家。

注意孩子遭受性侵害发出的信号！

社会中经常会出现儿童受害事件，家长不可大意，要善于观察，平时要注意孩子发出的几个信号，它们可能就是孩子们遭遇不法侵害的征兆。

●出现与其年龄不符的性行为语言；

●身体有瘀青，内裤附着物明显增加、有血渍；

●食欲下降，或忽然改变饮食习惯，如暴食，厌食等；

●睡觉经常做噩梦，害怕独立入睡；

●性格突然转变，出现严重的暴力倾向、突如其来的愤怒，变得孤僻、抑郁、焦虑等；

●非常厌恶某个人或者某个地点；

●有自残、自杀的念头或者行为；

●情绪变化阴晴不定；

●画出令人恐惧的图像；

●利用玩具表现性行为；

●和某个大孩子或成人有共同的秘密，但是不肯说出内容；

●用新的名称指代隐私部位；

●表现出年纪更小时的行为（比如尿床）；

●变得出乎寻常地黏人或焦虑；

●离家出走；

●孩子有频繁的异常行为，如喜欢反锁房门等；

●出现不明来源的零花钱或礼物，突然用各种理由要钱；

●孩子在网站搜索不健康词汇，或每次必清空浏览记录。

儿童生殖器官的生理健康有哪些?

儿童生殖健康对每个孩子未来的身心发展至关重要。家长需要关注许多方面，确保孩子的生殖健康得到妥善照顾和保护。教会孩子注意生殖器官的卫生，做好生殖器官的健康保护工作，是性教育中不可忽视的重要内容。

正确清洁和保持生殖器官的卫生

如果在日常生活中不注意清洁，生殖器官就很容易被感染，从而引发生殖系统疾病，影响孩子的身体健康。家长应该在日常生活中教给孩子正确清洁和保护自己的生殖器官的方法。

为此，家长要教孩子养成良好的卫生习惯，保持生殖器官的卫生。具体可以从以下几个方面做起。

●养成勤洗澡的习惯，并在洗澡时特别注意清洁生殖器官。

●如果有时候不方便洗澡，也可以让孩子学会单独清洗生殖器官，可以使用个人专用的盆。

●在宝宝周岁前，家长不必过度清洗宝宝的生殖器官，也不要乱用生殖器官清洗液之类的东西，用温水清洗再轻轻擦拭即可。

●使用温水温和冲洗，避免过度摩擦或用力搓洗。避免过度使用化学清洁剂或洗液，可能会破坏生殖器官的自然菌群平衡。

●不要与其他人共用毛巾或浴巾等个人卫生用品。

●教导孩子勤洗手，尤其是大小便前后和更换内裤后。手要清洗干净，而不是随意冲一下。

●教会孩子大便后要从前向后擦拭，尤其是女孩。因为肛门和阴道口、尿道口离得很近，如果从后向前擦拭，很可能把肛门附近的粪便及细菌带到阴道口或尿道口，造成感染。

选择合适的内裤

合适尺码、透气性好、舒适的内裤有助于保持生殖器官的干燥和清洁；过紧的内裤不利于生殖器官的发育。

每天尽量换洗内裤。若不勤换勤洗，内裤中的排泄物、分泌物很可能会造成生殖器官感染。

清洗后的内裤应放在阳光下晾晒。潮湿的环境容易滋生细菌，阳光中的紫外线可以杀灭细菌；也可以用吹风机、烘干机等烘干，避免挂在卫生间等不通风处晾干。

宫颈癌和 HPV 疫苗知多少?

近年来，宫颈癌发病年龄呈现年轻化趋势。中国有关调查显示，2020 年宫颈癌发病率和死亡率均居 15~44 岁女性肿瘤第三位。中国女性 HPV（人乳头状瘤病毒）感染呈现两个"双峰"：第一个感染高峰出现在 17~24 岁，第二个高峰在 40~44 岁。这意味着，宫颈癌作为女性健康杀手之一，可能正在悄悄逼近我们的孩子，防控前景很不乐观。

HPV 的传播途径主要有三种：一是性行为传播，属于主要传播途径；二是母婴垂直传播；三是直接接触传播，比如皮肤黏膜的接触传播。

因此，女童也可能会感染 HPV；青春期的女生，正处于第一个高峰期来临之际，也是易感染的人群。

早期宫颈癌一般无症状，随着病变发展直至宫颈癌中晚期，可出现阴道出血、阴道排液、相应压迫症状如尿频、便秘、下肢肿胀、输尿管梗阻、肾盂积水和尿毒症，晚期可有贫血、恶病质等全身衰竭症状。

而接种 HPV 疫苗是预防宫颈癌的有效手段。在性生活开始之前，感染 HPV 的概率较低，HPV 疫苗对未感染人群的保护效率更高，因此在感染前接种可以更有效地预防。

世界卫生组织推荐 9~45 岁女性接种 HPV 疫苗，且 9~14 岁还没有性生活的女孩是 HPV 疫苗接种的首要目标人群。中国《子宫颈癌综合防控指南》建议 13~15 岁女性在发生首次性行为前接种 HPV 疫苗，这样效果最好。

HPV 疫苗又分为二价、四价、九价疫苗，家长们应该如何为孩子选择呢？

"价"可以理解为预防的 HPV 病毒型别。二价 HPV 疫苗包含针对 HPV16、HPV18 这两个最主要的高危型，四价疫苗针对的是高危型 HPV16、HPV18 和低危型 HPV6、HPV11，九价疫苗涵盖了 7 种高危型和 2 种低危型。因此，能接种九价疫苗是最稳妥的。

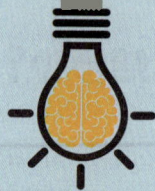

第二章
揭秘男女生性发育的
生理密码

　　青春期是男女生性发育的重要阶段。男性体内睾酮水平显著上升，促使身体出现二次性特征，如声音变粗、肌肉变发达等。女性则经历雌激素增加、乳房发育、月经初潮等变化。

儿童性启蒙常见问题集锦

孩子可能对性充满好奇，会提出与性有关的各种问题，家长不必大惊小怪，根据孩子的年龄恰到好处地给予解释即可。只要掌握了回答孩子"性"问题的态度与技巧，就可以给孩子传递正确的性价值观。

了解儿童性发育的规律！

儿童的性发育有一定的阶段，每个阶段都会有一些看似异常、实则合理的行为。

1岁之前，口唇期	这个时期的孩子喜欢用嘴来接触各种东西，通过嘴来探索各种新鲜的事物，以啃咬来获得生理的满足，如果这个时期父母阻碍了孩子，那么会对孩子以后造成不好的影响。
1岁半~3岁，肛门期	这个时期的孩子会对肛门特别感兴趣，父母可以借此机会培养孩子的良好习惯。
4~5岁，性器期	这个时期的孩子逐渐有了性意识，对自己的性器官特别感兴趣，会通过性器官来获得满足，父母在这个时期可以对孩子加以正确引导。
6~15岁，潜伏期	由于道德感的发展，这个时期孩子的探索受到了压抑，父母要特别关注孩子的举动。

性教育并不是一蹴而就的，而是一个循序渐进的过程：

0~6岁	重在帮助孩子认识自己的身体，让他们学会保护隐私部位。
7~9岁	重在培养孩子的性别意识，预防和应对性侵害。
10~12岁	重在培养孩子建立健康的人际关系，了解生殖器官的结构和功能。

13~15岁	帮助孩子了解青春期爱情、交友，家庭成员的角色与两性关系。
16~18岁	性发育基本完成，认知能力接近成熟，拥有独立选择、自我保护、判断与反应的能力。

我是从哪里来的呢？

几乎每个孩子都会问爸爸妈妈这个问题。小朋友的问题几乎千篇一律，但是家长的回答却"各有千秋"：

"垃圾桶捡的。"

"从腋窝里生出来的。"

"从屁股里生出来的。"

"充话费送的。"

"石头缝里蹦出来的。"

"从肚子里出来的。"

"从树上摘下来的。"

"从床底下翻出来的。"

"从面团里捏出来的。"

"爸爸肚子里有许多种子，种子种在妈妈肚子里，长大了就变成宝宝了。"

…………

以上这些回答，更多是父母的调侃式回答。但是调侃归调侃，对于孩子的正经问题，家长还是要明明白白告诉孩子的，可以结合相关绘本，完成性启蒙的第一课。

明确告诉孩子：精子和卵子相遇后才能孕育出婴儿。

精子是男性（爸爸）身体里的"种子"，卵子是女性（妈妈）身体里的"种子"。孩子是他们相爱结婚后一起孕育出来的。婴儿是从妈妈的生殖器里生出来的。

那么，精子和卵子是怎么相遇的呢？

女性的生殖器叫作"阴道"，男性的生殖器叫作"阴茎"，男性（爸爸）需要将阴茎插入女性（妈妈）的阴道中，才能将精子送到卵子附近，这种行为叫作"性交"。但这种行为只能长大了，遇到相爱的人才能做，孩子是不能做的哦!

爸爸妈妈的生殖器相互接触之后，爸爸的精子就会游啊游啊，游到妈妈的子宫里。妈妈子宫里的卵子也会游泳，游得最快、最强壮的精子才能遇到卵子。精子和卵子相遇后，会形成"受精卵"，然后逐渐发育成胎儿。所以宝宝就是冠军。而且宝宝长得既像爸爸，又像妈妈，因为是爸爸妈妈爱的结合体。

胎儿会在妈妈的子宫（小房子）里发育成长，等到发育完全，再经阴道来到外面的世界，这个过程叫作"分娩"或"出生"。还有的妈妈不能自然分娩，需要医生通过手术从妈妈肚子上拉一个口子，取出胎儿，这种出生方式叫作"剖宫产"。

如果孩子很小，比如 3 岁前，家长也可以简单回答：

是从妈妈的肚子里出来，妈妈肚子里有一个叫作"子宫"的小房子，你生出来之前一直住在妈妈的子宫里，要住 10 个月呢。等你一点点长大，妈妈的肚子也装不下你了，你就会从妈妈的肚子里出来。

对于 4 岁以上的孩子，可以结合绘本、纪录片，参考以上精子与卵子相遇的回答方法。

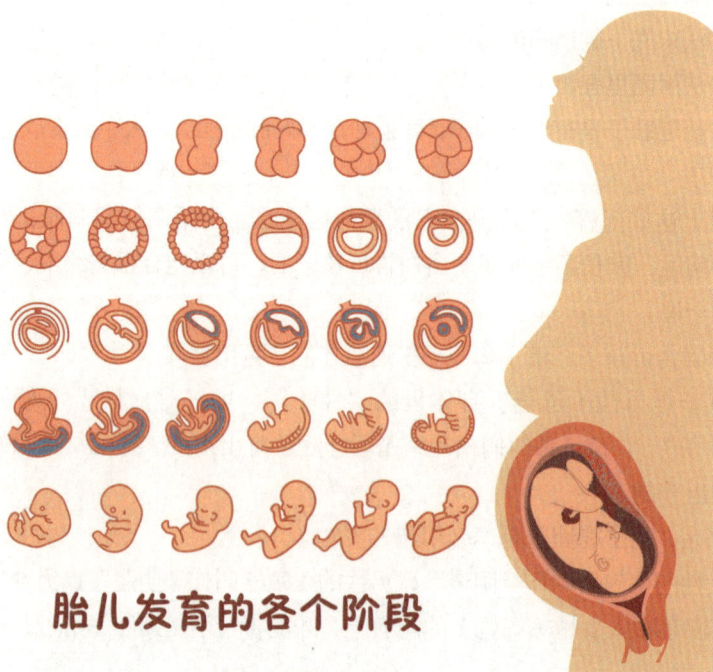

胎儿发育的各个阶段

小宝宝穿开裆裤好不好？

不能自主排尿、排便之前，孩子可以穿开裆裤吗？祖父母辈很喜欢给孩子穿开裆裤，觉得这样很方便，又省钱，一直穿着纸尿裤会捂得慌，尤其夏天，还容易造成红屁股，何况小孩子光着屁股没什么关系。

也有人觉得男孩子穿开裆裤无所谓，但女孩子需要穿上纸尿裤或者裤子。

你的孩子喜欢光屁股吗？喜欢穿小内裤或纸尿裤吗？

首先，从孩子的身体角度来说，穿着开裆裤比较舒服，屁股不会有不适感，可以防止红屁股。排便排尿很方便，但是很难形成如厕意识，容易随地大小便。穿裤子虽然可能会尿湿裤子，但有助于宝宝接受如厕训练。

但是，人类不同于动物，当孩子的生殖器官裸露在外部，不断接触地面、椅子或者其他一些物品的时候，是存在感染风险的，尤其对于女孩子来说，感染风险更高。同时，也存在被物品划伤生殖器官的风险。

其次，穿开裆裤对孩子隐私意识的培养和身体界限的建立会有负面影响，不利于孩子的隐私保护。穿内裤或纸尿裤有利于隐私部位的保护，也有利于性别意识的形成，让宝宝认识到男女有别。

孩子习惯了开裆裤，也就习惯了裸露屁股、裸露生殖器，不利于培养孩子的隐私意识。

孩子穿开裆裤，也会给坏人提供可乘之机，比如偷拍孩子裸露生殖器的照片、趁机触摸孩子的生殖器官等。

孩子"手痒痒"老摸生殖器怎么办？

针对孩子"手痒痒"，老摸生殖器的情况，家长应以平常心对待。这种行为可能是儿童自我探索、自我娱乐的一部分，不应以恐吓、威胁的方式阻止孩子，也不要向孩子传达出"恶心，是肮脏、可耻的行为"这种观念。可以尝试告诉孩子："生殖器是身体的重要部位，我们的手上有很多细菌，会弄脏这些部位，所以不要用手去玩这些部位。"

还有可能就是孩子的生殖器不舒服了。比如可能是局部刺激，外阴部的湿疹、蛲虫病，包皮过长、包茎或者衣裤过紧等。很多孩子因为局部发痒或好奇而摩擦外阴，偶然获得快感，就会反复尝试类似的动作。这种探索也是孩子了解身体，自我认知发展的一个过程。因此，家长应该让孩子养成良好的性卫生习惯，如每天晚上睡觉前清洗外生殖器等。当孩子出现类似手淫的行为时，家长还应检查一下孩子的阴部是否发炎，孩子的裤子是否太紧等。

此外，情绪的焦虑也会引起儿童的这些行为，以摸生殖器的方式缓解情绪的焦虑、紧张。有些孩子寂寞、无聊，或者紧张、焦虑的时候，会用这份愉悦感缓解心理压力。这时候，家长更不能老跟孩子强调这些行为，反而要淡化处理，多跟孩子聊聊情绪的处理，多陪伴关爱孩子，跟孩子一起做游戏，给孩子讲故事等，让孩子感受到父母的爱。

如果孩子经常"手痒痒"，家长可以忽视孩子的行为，减少刻意提醒，适时地转移孩子的注意力，全心全意地陪伴，缓解他们无聊、寂寞或紧张、焦虑的情绪，邀请他一起玩游戏、看电视、看绘本、出去玩，自然而然就会降低孩子手淫的概率。

孩子经常手淫吗？

儿童手淫，一般指用手或其他东西触摸或玩弄自己的生殖器官以获得性快感的行为，是人类性心理发育过程中的一种表现，在儿童和青少年中常见。

一岁婴儿也可能出现手淫，两岁至五六岁时，就可能频繁出现有意识的手淫行为，男、女孩都会发生。入小学后会有所减少，青春期后又会增加。

很多孩子手淫时多发生在入睡前、醒后或单独玩耍时。儿童轻度手淫对身体无害，如果过度会造成躯体或精神上的危害，影响正常学习生活。因此，家长要正确地看待孩子的手淫行为。

孩子的手淫行为有哪些特点？

儿童手淫的表现与成人类似，不过表现程度较轻微。手淫时，儿童可能表现为躺在床上、坐在椅子上、靠在物体上或两腿骑跨在凳子上等，玩弄或摩擦阴部，进行时脸颊泛红，两眼凝视，呼唤不理，甚至屏气、出汗、呼吸急促，如果强行制止则会表达不满。

用手抚摸自己的生殖器或其他敏感器官，用被子或椅子摩擦自己的生殖器、坐硬物、夹腿等。

儿童手淫的频率并没有一定的规律，持续时间也不等。有的孩子持续时间很短，可能几分钟，也有的孩子可能会持续很久。

对外界环境有反应，孩子的注意力被分散后便会停止。

通常医学检查无异常。

偶尔手淫是儿童生长发育过程中的正常现象，是一种自我安慰的方式。绝大多数的儿童手淫都不带有性幻想，而只是为了得到性快感。

儿童发生手淫的原因有哪些？

很多孩子手淫可能是好奇、碰巧、局部疾患、精神因素等。

探索身体

婴幼儿在探索自己的身体时，如果碰巧摸到自己的某个区域而感到更为舒服、愉快，可能会有意识地反复去触摸，形成条件反射，长此以往，孩子就出现了手淫行为。

外生殖器不适感

孩子可能出现尿布湿疹、外阴部瘙痒、炎症刺激等症状，通过抓挠、摩擦会缓解不适感。

青春期性发育

青春期后手淫增加，并可有性幻想，男孩伴射精。

精神因素

有些孩子情感需求得不到满足，或者焦虑、紧张时，发现手淫会缓解精神不适，就会出现手淫行为。如果家长对孩子较为冷淡，孩子的情感得不到满足，就会通过寻求其他的刺激来得到安慰。在各种学习压力下，孩子的情绪紧张焦虑难以疏解，也有可能通过手淫的方式宣泄。某些精神发育迟滞和精神分裂症的患儿，也可能有经常手淫的行为。

大人逗弄孩子的生殖器

有些家长或大人出于各种原因经常逗弄孩子的生殖器，尤其男孩子。生殖器对外界刺激的感受比较强，如果经常受到刺激，孩子很容易产生一种微妙、愉快的感觉，久而久之自己开始抚摸生殖器，形成手淫的习惯。

外部环境的不良影响

如果外部环境有一些不良的影响因素，比如有坏人教孩子，或频繁受到性骚扰，或经常看描写性爱的镜头、图片和小说，同伴间的频繁谈论等，会增加儿童的手淫频率。发现孩子出现夹腿行为后，家长不必过分紧张，因为这并不代表孩子有心理或精神疾病。家长强硬的态度，反而会强化孩子的这种行为。

家长如何对待儿童手淫？

我国传统观念认为儿童手淫是不良行为，对身体、心理均有害，家长也担心孩子性早熟。因此，很多家长发现这种行为时，会表现得异常焦急，要么斥责打骂孩子，要么强硬制止，这种过度反应反而会造成儿童的情绪和行为问题。

还有一些孩子自控能力差，经常不分场合地进行擦腿、夹腿、玩生殖器等行为，也是让很多父母头疼和焦虑，担心他人用异样的眼光看待孩子，影响孩子的社交，也不利于孩子隐私的保护。

正确的做法是：家长要冷静对待，从心里认可这种儿童性探索行为，而不是马上就认为是可耻的行为。然后想一下孩子出现手淫的客观原因。平时可以忽视孩子的手淫行为，减少刻意提醒，增加关爱和陪伴，让孩子感受到更多的爱护。找机会跟孩子沟通手淫的问题，让孩子懂得手淫是一种私密的活动，在公共场所或者人多的地方手淫，是不礼貌、不文明的行为。

如果家长在尝试多种方法之后，孩子的手淫情况并没有得到改善，也可以寻求专业的儿童心理医生的帮助。

生殖器周围为什么会长阴毛呢？

无论男孩还是女孩，到青春期阶段，生殖器及周围都会长出阴毛。这是受体内分泌的雄激素影响，属于正常的生理现象。

当男性进入青春期时，雄激素会越来越多。在雄激素的作用下，身体会长出各种毛发，比如大量腋毛、胸毛和会阴的阴毛。阴毛不仅生长在会阴，而且生长在肛门周围和阴茎皮肤上，属于阴茎的第二个生理特征，是一种非常正常的生理现象。毛发的多少、长短、颜色，临床上有很大的个体差异，一般和遗传因素、个人种族因素、体内的性激素都有一定关系。

阴毛的出现和生长是青春期女性性发育的标志之一，是体内激素刺激引起的生理表现。很多女孩子是先长阴毛再来月经。长阴毛预示着第二性征的发育，第二性征发育之后卵巢功能才会逐渐完善，卵巢才会周期性地分泌雌激素和孕激素，使子宫内膜发生周期性变化，这时候才会来月经。也有人会先来月经再长阴毛，而且并不是所有的女性都会长阴毛，也有的在一生当中都不会长阴毛，主要是个体差异不同引起的。所以女生不要纠结于会阴部长阴毛的事情，也不要因为自己阴部毛发滋生而感到不舒服。如果来了月经，要加强外阴局部的护理，加强月经期的护理。

通常情况下，什么时候长出阴毛、毛发的疏密，甚至不长阴毛……这些情况都无须过度担心，绝大部分跟身体发育、遗传基因有关，个别可能是疾病所致。即便没有长出阴毛，也不会对身体健康造成威胁，更加不会影响婚姻和正常的性生活。

长出阴毛的孩子，在日常生活中，要注意保持局部的卫生，经常用温水进行清洗，勤更换内裤，避免出现感染。如果长阴毛的地方出现皮肤瘙痒、疼痛、红肿的话，需要积极就医。

阴毛对于人体作用很大，是生殖器重要的保护屏障。

人体的阴部汗腺发达，容易出汗，阴毛可以有效地帮助外阴散热，同时吸附这些部位分泌出的汗液与黏液，保证阴部的干燥，避免因潮湿而引发的一些炎症。

阴毛可以保护人体的私处。阴毛可以挡住阴部的一些细菌进入生殖器，降低了外阴受到感染的概率。

增加快感，减少伤害。在发生性关系的时候，阴毛的摩擦可以增加快感，更加可以起到减缓速度的作用，降低摩擦力对阴部的伤害。

青春期的"躁动"为哪般？

在孩子很小的时候，男女之间的差异并不大。男女性的心理和身体会在青春期变成熟，出现两性特征。青春期一般由早期（9~13 岁）、中期（13~16岁）、晚期（16~18 岁）这三个阶段组成，并无统一的标准，因为每个孩子的成长发育都是不相同的。女孩的青春期比男孩的来得早一些。

胎儿阶段，男孩会发育出阴茎和睾丸，女孩会发育出子宫和卵巢。这种差异叫作"第一性征"。

当男孩在 12 岁左右、女孩在 10 岁左右时，身体结构和功能方面会出现"第二性征"的差异。从第二性征出现到发育成熟的这一时期就是"青春期"。

那孩子的青春期为什么会"躁动"呢？

青春期主导身体变化的物质就是我们常说的"激素"。睾丸或卵巢接收到垂体的指令后，会分泌出很多性激素，包括雄激素和雌激素。

男性和女性体内都会分泌雄激素和雌激素。睾丸会产生更多雄激素，卵巢会产生更多雌激素，所以男性和女性的身体结构才有很多不同。青春期，男性和女性的身体都会分泌出大量生长激素和性激素，并刺激大脑，情绪更难以控制，面对挫折、压力或情感上的困扰时，就会出现各种焦躁不安的情绪。

青春期阶段，孩子的生理和心理出现不同步的发育速度，早期往往生理发展比心理发展更快，出现更多的生理需求和感官体验。比如对性发育的认知、对身高的追求、对异性的好感和向往等。然而，心理发展相对较慢，思想、情感极不稳定，往往无法控制自己的情绪，考虑问题也缺乏理性，常常会造成各种错误，因此会面临更多的生理压力和挑战。

青春期的孩子交友心理急切，开始形成一定的交友圈子和社会关系，希望得到同龄人的理解支持，特别是异性朋友。但这阶段的社交技能并不成熟，容易受到他人或事情的影响，陷入情感纠葛和人际冲突中。

青春期的孩子自我意识觉醒，逆反心理突出，特别是对一些唠叨和不适当的管教会产生强烈的反抗叛逆心理。会感觉父母和老师说的话很刺耳，想要反抗他们，甚至会无意识地说出伤害他们的话。而且独立心理迫切，自认为是大人了，有自己独立的标准和观点，希望人格独立和自我做主。

焦躁不安的青春期是成年之前的必经阶段，这些烦恼与躁动并不完全是坏事。家长对待青春期的孩子要学会变化教导，不能再像小时候一样管教了，要像对待成年人一样跟孩子沟通。

第一，从心里完全接受和理解孩子的青春期变化，包括叛逆的性格。多关注孩子生理和心理发育，并给予适当的关怀和引导。与孩子保持良好的沟通，听取他们的想法和感受，帮助他们更好地理解自己的身体变化和情感需求。

第二，正确、科学的性教育必须跟上，包括生理知识、性健康和情感关系等方面。这可以帮助孩子更好地了解自己的身体和情感，同时也能让他们更好地应对与异性的交往。

第三，鼓励孩子寻求帮助。当孩子面临困难或挑战时，父母应该鼓励他们寻求帮助，包括向家人、朋友或专业人士寻求支持和建议。这可以帮助孩子更好地应对压力和解决问题，同时也能提高他们的自信心和自尊心。

第四，与孩子商量制订相应的计划，包括学习

目标、日常时间安排、社交交友、兴趣活动计划等，以帮助他们更好地管理自己的时间和情绪、更好地掌握自己的生活，促进他们的发展和成长。

第五，给予恰当的支持和鼓励，经常赞扬孩子的成就，鼓励他们尝试新事物，提供精神、物质支持等。

青春期男女生性发育有哪些规律？

青春期男女生身体上会出现较巨大的变化，也会给孩子带来巨大的心理压力和情绪变化。这个阶段，家长要提前告诉孩子他们的身体将会发生的变化，让孩子对其身体变化有大致的了解，从而更好地面对这些问题。

虽然男女孩的青春期性发育都有一定的规律，但也有较大的个体差异，具体因人而异。

女孩性发育规律

女孩性发育顺序：乳房发育→阴毛、外生殖器改变→腋毛生长→月经初潮。女生的性格更偏向温柔体贴、感情细腻、富有同情心等，爱打扮自己，希望引起异性的注意，获得异性的赞赏和认同。

8~9岁	身高突然增高。
10~11岁	身高突增高峰，开始乳房发育，出现阴毛。
12岁	乳房继续增大。
13岁	腋毛、月经初潮出现。
14岁	乳房显著增大。
15岁	脂肪积累增多，丰满，臀部变圆。
16岁	月经规律。
17~18岁	骨骺线闭合，生长基本停止。

男孩性发育规律

男孩性发育顺序: 睾丸容积增大→阴茎增长增粗→阴毛、腋毛生长→变声、长胡须→首次遗精。在第二性征发育的同时,男生的性格方面会表现出较强的独立性、冒险性与攻击性,对异性出现兴趣,喜欢在异性面前表现自我,期待获得异性的赞美与崇拜。

10~11岁	身高突增开始,睾丸、阴茎开始增长。
12岁	身高突增高峰,出现喉结。
13岁	出现阴毛,睾丸、阴茎继续增大。
14岁	变声,出现腋毛。
15岁	首次遗精,出现胡须。
16岁	睾丸、阴茎已达成人大小。
17~18岁	体毛接近成人水平。
19岁后	骨骺线闭合,生长基本停止。

性别特征不只有"男性""女性"

我们对性别的认知通常只有男女之分,这种观念已经深入人心。然而,现实社会的情况却更为复杂。

性别是一个复杂的概念,不仅指个体的身体、生理特征,还指性别身份、心理性别、性倾向、性别表达等。性别特征并不是只有身体差异产生的男性和女性特征。

当今社会中,性别不再仅被视为男性或女性的二元,而是多元的。多元性别,指除了男女之外的其他性别认同和表达方式,包括跨性别、双性人、无性别、第三性别等不同的表现形式。

性别特征是每个人的个性特征。如果孩子出现了异于常人的性别特征,家长也不应强制改变孩子,要学会尊重和理解。

生理性别

指的是个体的生物学特征，包括染色体、激素水平和生殖器官。生理性别主要基于身体的解剖结构，但并不一定与个体的性别认同相一致。

通常分为男性（XY 染色体）和女性（XX 染色体）。还有一种鲜少人知道的"间性"。

间性人，指身体结构不符合常见男女标准的个体。间性人在染色体、激素、内外生殖器、第二性征等多个方面不同于标准的男性、女性身体结构。间性状况可能在出生时即被发现，也可能随着身体发育逐渐明显。一个间性人可能自我认同为男性、女性或者两者皆非，可能是异性恋、同性恋、双性恋、无性恋等。

社会性别

基于女性气质、男性气质或非二元气质的性别角色划分，如性别角色、社会期待等。如果一个人的生理性别和社会性别不同，就可以称作跨性别人士。

心理性别

指每个人内心感受到的自己的性别，强调个体的心理感受和自我认同，可能与社会性别或生理性别不完全一致。这一方面与基因调控相关，受遗传因素的影响；另一方面也与家庭教育和角色认定有关。

心理性别与生理性别一致，认同自己的性别的人是顺性别者；心理性别与生理性别不一致，不认同自己的生理性别的是跨性别者。

性倾向

指一个人和自己不同性别（异性恋）、相同性别（同性恋）或不仅限于一个性别（双性恋或泛性恋）的个体具有深度情绪、情感和性的吸引，以及与之建立亲密关系和性关系的能力。通常有女同性恋、男同性恋、双性恋、无性恋等区别。

性倾向与性别认同不同，后者是个人内心深处感受到的基于个人体验到的性别。性倾向也不等同于性行为，有过同性性行为并不代表就是同性恋。

性别表达

又称性别表现、性别气质，指个体通过姓名、衣着服饰、化妆、言行举止、走路方式，乃至社会角色和一般行为模式，向外界展现或表达性别的行为。

性别表达可以是男性化、女性化或中性化的任意组合。中性，指既不完全符合男性也不完全符合女性的性别特征。大部分人的性别表达与社会对其性别的期待保持一致。而有一部分人则并非如此。

性别表达不符合社会规范和预期的人，就会被视为"女性化"的男性和被视为"男性化"的女性，这就是为什么有些男孩被称为"娘娘腔"，有些女孩被称为"假小子"。这些孩子很容易在社会压力下遭受性和心理暴力以及校园欺凌等现象。

家长应告诉孩子，性别特征是每个人的个性，应该受到尊重，不应该嘲笑任何人。别人不能强制我们改变自己的性别特征。同样，我们也不能强制别人改变他们的性别特征。

对性感兴趣是很奇怪的事情吗？

幼儿3岁左右会开始注意自己的性器官，同伴之间会开始相互观看性器官，而且会产生男生女生性器官不一样的疑惑，想要去探索。随着年龄的增长，他们会对身体感兴趣，这是一种性发育的自然发展现象。

处于青春期的孩子对异性的身体更感兴趣，会想要去探索性知识，发生性梦幻，这是很自然的性欲望。就算是自慰，也要建立在安全、私密、卫生的基础上，切记不能太用力、太频繁，否则可能会伤及身心。

家长要了解孩子不同阶段的性心理，对处于青春期的孩子跟异性交往的管束，要掌握一个"度"，不能事事禁止或责骂，要懂得平等沟通，培养他们树立正确的性观念和建立自我保护意识。告诉孩子要学会控制自己的欲望，而不是被欲望控制着行动。

什么时候可以生孩子？

男孩在遗精后、女孩在来月经后，理论上就具备了生育的生理能力。特别是女孩，月经来潮之后，就表明卵巢功能已经发育完善，能够排卵，此后进行性生活就可能会受孕。因此，女生要知道不进行避孕措施的性交就会伴随怀孕的可能性。通常年龄越低，精子和卵子就越有活力，更容易受精，怀孕的概率越高。

小于 18 岁的女性生孩子，卵巢、子宫等各器官尚未完全成熟，怀孕生产会有一定的风险。因此，家长一定要对孩子进行正确的性教育，避免早孕早产。

一般而言，女性在 25~28 岁时，体内的激素水平比较稳定，身体素质相对较强，卵子质量比较好，子宫内膜功能相对较强，适合胚胎的发育，身体恢复能力较强，生孩子之后自身身体通常恢复得比较快，因此，这时候生孩子比较合适。

随着年龄的增加，身体素质可能会下降，容易影响卵子的质量，子宫的形态和功能可能会发生变化，容易降低自然受孕的概率。

家长还要教育孩子关于怀孕和养育孩子的责任。因为怀孕意味着要成为父母，为人父母者必须承担养育孩子的责任，不单单是生个孩子那么简单。养育孩子需要一定的经济基础，需要具备成熟的心理素质。

而处于青春期的未成年人，身心尚未成熟，并不具备生育孩子的能力。因此，最好不要偷尝"禁果"，即使发生了性生活，也一定要做好避孕措施，等成年后自身条件成熟，能够承担起应有的责任，再考虑生育孩子的事情。

胎儿在子宫是如何成长的？

胎儿在女性子宫中的成长过程如下：

孕 1 个月

怀孕时间怎么算？一般从最后一次来月经的那天开始算，卵子和精子结合成受精卵后，会不断地分裂，继而发育成胚泡，在子宫内膜植入，形成绒毛膜。到第 4 周的时候就会形成三个胚层，之后的各个系统都由这三个胚层发育而来。胚胎长约 0.5 厘米，约重 1 克，开始发育出心脏、肝脏及消化系统。

孕 2 个月

5~8 周时，心脏开始跳动，手脚发育。8 周前被称为胚胎。在这个阶段，胚胎长约 3 厘米，重约 4 克，手、脚雏形形成，大部分内脏已开始发育。微小的心脏也开始活动，脑部迅速发育。第 5 周开始，心脏发育、跳动，这时候做 B 超检查，可以清晰地看见胚胎。8 周时能够看见手指和脚趾。

孕 3 个月

9~12 周时，骨骼和大脑发育，12 周时大小约 5 厘米，可以确定男女性别。第 9 周开始称为胎儿。胎儿身长约 8 厘米，重约 30 克。骨骼和大脑开始迅速发育，轮廓分明。眼睛、耳朵、手指、脚趾已经成形。外生殖器初步形成，并且与肛门分开，男胎和女胎开始出现区别。样子出现较大的变化，面部五官越来越清晰，特别是鼻子。同时胎儿对刺激开始有反应，可在羊水中自由活动，如眨眼、吸吮等。

孕 4 个月

13~16 周时，眼睛和耳朵变得清晰，骨骼和神经运动能力增强。胎儿身长约 16 厘米，重约 120 克。所有器官均已成形，全身有一层娇嫩、粉红色的薄皮肤，前额大而突出，头上还有细小的头发，能看到明显的鼻孔和较完整的嘴巴形状，并能浮动在羊水里伸动手脚。眼睛和耳朵发育较完全，非常清晰。第 14 周时，性别特征开始形成，全身的骨骼和神经也都产生了运动能力。

孕 5 个月

17~20 周时，呼吸系统开始发育，胎动幅度大。胎儿身长约 25 厘米，重约 300 克。全身长出胎毛，皮下脂肪开始沉积，整个身体弯曲，眼皮完全盖住眼球。呼吸系统开始发育，对外界有了更强的感知能力，用听诊器可以听到胎儿的心跳。胎儿的活动力增强，动作幅度越来越大，可感觉到明显的胎动，并且更容易被母亲感受到。胎儿皮肤逐渐变厚，没有那么透明了。

孕 6 个月

21~24 周时，全身发育逐渐健全。胎儿头臀长约 21 厘米，身长约 30 厘米，重约 680 克。全身的发育都比较健全，母亲腹部继续增大，胎儿活动更为明显，踢腿的力量也增加，胎儿皮肤呈红色且有皱纹，出现味觉和触觉，学会了呼吸，可以睁眼、闭眼，耳朵也能听到声音。

孕 7 个月

25~28 周时，胎儿很活泼，有反应。胎儿头臀长约 25 厘米，身长约 37 厘米，重约 1000 克。胎儿会偶尔睁开眼睛，在羊水中翻跟头，手脚可自由伸展摆动。能够对熟人的声音有反应，父母可以在这个时候和宝宝互动。

孕 8 个月

29~32 周，全身发育都比较健全。胎儿头臀长约 29 厘米，身长约 42 厘米，重约 1700 克。这个阶段胎儿的发育较为健全了，活动更强，可以在母体外触及，骨骼已发育完全，但仍很柔软。会锻炼呼吸技能，为之后的出生做准备，身体的生长速度会变得极快。

孕 9 个月

33~36 周，胎儿外形及外生殖器发育健全。胎儿头臀长约 34 厘米，身长约 47 厘米，重约 2500 克。胎儿的指甲、头发已生长，皮肤变得平滑。

孕 10 个月

37~40 周时，胎位渐渐固定，为出生做准备。胎儿身长约 50 厘米，重约 3200 克。皮下脂肪增多，外形更为丰满，骨骼结实，头盖骨变硬，指甲长出，头发长 2~3 厘米。内脏、肌肉、神经非常发达，胎儿下降至骨盆准备出生。

这个阶段的胎动特别多，经常会动来动去，呼吸系统和消化系统更加健全，能够不断吸取妈妈身体当中的营养，为出生做准备。

孕 12 周之内称为孕早期，孕 13~28 周称为孕中期，孕 29~40 周称为孕晚期。通常而言，胎儿在子宫里度过 10 个月（大约 280 天）的时间，就可以顺利出生了。

胎儿出生时有哪些附属物？

胎儿出生时还会伴随一些附属物（官腔内胎儿以外的组织），比如胎盘、胎膜、脐带和羊水。

胎盘

胎盘由羊膜、叶状绒毛膜和底蜕膜构成。胎盘功能包括气体交换、营养物质供应、排出胎儿代谢产物、分泌激素、防御功能及合成功能等。

胎膜

胎膜由绒毛膜和羊膜组成。功能是保护胎儿，容纳羊水。

脐带

脐带有 1 条脐静脉和 1 对脐动脉。脐带有三大作用，将胎儿排泄物和二氧化碳送到胎盘由妈妈处理；由妈妈体内获取氧气和营养物质；并且是与妈妈之间的通道，是胎儿生命线。胎儿出生时如何处理呢？

剪断脐带：通常在新生儿出生后几分钟内，医生或助产士会使用消毒过的剪刀将脐带剪断。并结扎避免出血。

清洁脐带：剪断后，医生或护士会用酒精棉球或碘酒擦拭脐带周围的皮肤，以预防感染。

包裹脐带：清洁后，医生或护士会用无菌纱布或绷带将脐带包裹起来，以保护伤口不受外界污染。

观察脐带：在接下来的几天里，需要每天检查脐带的情况，确保没有发炎、出血或其他异常情况。如果发现异常，应及时就医。

脐带脱落：通常情况下，脐带会在出生后 7~14 天内自然脱落。在此期间，需要注意保持脐带周围的清洁和干燥，避免摩擦和碰撞。

羊水

妊娠早期羊水主要来自母体血清，中期以后主要来源于胎儿尿液。妊娠 38 周为羊水最大量，约 1000 毫升，此后羊水量逐渐减少。妊娠 40 周约 800 毫升。羊水的功能为保护胎儿和保护母体。

胎儿将要出生时的症状有哪些？

胎儿在妈妈子宫里将要出生时，有很明显的分娩信号，比如：

胎儿下移

胎儿的头部逐渐下降至骨盆中，这被称为"下胎"。

腹部下沉

由于胎儿位置的变化，腹部看起来可能会下沉。

规律性宫缩

宫缩变得更加规律和强烈，通常每隔几分钟发生一次。

子宫阵痛

胎儿出生时需要通过子宫口，子宫口一点点打开后，随之反复紧缩和舒展，向外挤压胎儿，产生分娩前阵痛。分娩产程开始时，每隔 10 分钟左右就会出现一次阵痛。随着产程的进行，阵痛间隔的时间会越来越短。

破水

子宫口打开后，包裹着胎儿的羊膜囊破裂，一部分羊水会从阴道（产道）流出。当然，破水也有可能会发生在阵痛开始之前！羊水主要起到润滑产道、使胎儿更容易通过的作用。

黏液塞排出

阴道分泌物中可能出现黏稠的黏液血块，称为"黏液塞"。

出生

子宫最大可以开到 10 指（大约 10 厘米），妈妈可在助产师或医生的帮助下采用憋气、肚子用力等方式帮助胎儿顺利出生。子宫内的胎儿也会自动收紧身体并旋转，努力使自己通过狭窄的阴道（产道）。

婴儿初次来到外面的世界后，会发出"哇"的哭叫声，这是因为婴儿第一次用肺呼吸的表现。

除了自然分娩，有时候有的妈妈和胎儿不符合自然分娩的安全，医生会通过手术（剖宫产）把胎儿取出来。

为什么我是女孩？为什么我是男孩？

胎儿的性别是什么时候确定的呢？

答案是，卵子在受精时就已确定胎儿的性别。这主要取决于性别染色体。

性别染色体决定性别的机制则依赖于 X 染色体和 Y 染色体。人类有 23 对染色体，其中一对是性染色体。性染色体有两种类型：X 染色体和 Y 染色体。

女性的性染色体组合是 XX。女性从父母那里分别获得一条 X 染色体。因此，她们的性别染色体组合是 XX。

男性的性染色体组合是 XY。男性从妈妈那里获得一条 X 染色体，从爸爸那里则获得一条 Y 染色体。他们的性别染色体组合就是 XY。

怀孕后，胚胎发育的早期阶段，性别就取决于爸爸的 Y 染色体。

如果受精卵中的性染色体组合是 XX，胚胎将发育成女性。

如果性染色体组合是 XY，胚胎就会发育成男性。

一般情况下，孕后 5~6 周胎儿的生殖器基本结构就形成了。但是，此阶段，男胎生殖器的形态与女胎的十分接近。随着孕期变长，男胎生殖器受体内雄激素的作用，逐渐形成男孩生殖器的形态。而女胎因为不会受到雄激素的影响，生殖器就会直接变成女孩的。

男胎的生殖器发育包括以下主要部分：

阴茎	由海绵体组织和尿道组成，是排尿和性交的器官。
阴囊	包裹睾丸的皮肤袋，主要功能是保持睾丸在适宜的温度下以促进正常的精子生成。
睾丸	负责生产精子和雄激素（主要是睾酮）。
前列腺	位于膀胱下方，分泌前列腺液，这种液体是精液的一部分，有助于保护和运输精子。
精囊	两个小腺体，位于前列腺后方，分泌含有营养物质的液体，以滋养精子。
尿道	从膀胱延伸至阴茎，通过它排尿和射精。

这些结构在胎儿期开始形成，并在出生后继续发育成熟。

女胎的生殖器发育包括以下主要部分：

阴道	连接外部生殖器和子宫的管道，参与排尿、月经流出和分娩。
外阴	包括大阴唇、小阴唇、阴蒂、尿道口和阴道口。大阴唇和小阴唇是保护内部生殖器的皮肤褶皱。
阴蒂	位于小阴唇的前端，含有丰富的神经末梢，主要功能是性快感。
子宫	位于阴道的上方，负责胚胎的发育和妊娠的维持。它包括子宫体和子宫颈。
卵巢	位于子宫两侧，负责产生卵子和分泌女性激素（如雌激素和孕激素）。
输卵管	连接卵巢和子宫的管道，是卵子受精的主要场所。

这些结构在胎儿期开始发育，并在青春期时逐渐成熟。

为什么我长得像妈妈或爸爸？为什么我不像妈妈或爸爸？

婴儿会像爸爸或妈妈，是因为他们继承了父母一半的基因。每个父母的基因都会影响婴儿的外貌特征，如眼睛颜色、发色、脸形等，甚至性格。遗传的基因组合和表达方式决定了婴儿的外貌，有时会更像某一方的特征。

人体由大约 60 万亿个细胞构成。细胞核中一共有 46 条成对的染色体。这些染色体中充满了遗传的基础因子，就是我们所说的遗传基因。婴儿从父母双方的染色体中各继承一半（23 条染色体），所以孩子染色体中的基因，一半来自爸爸，另一半来自妈妈。

但是有的婴儿的外貌也不完全像妈妈或爸爸，可能反而像祖父母一辈。这是因为遗传因素的复杂性。婴儿继承了来自双方父母的基因，但基因组合和表达方式可能导致独特的外貌特征。基因的互动和变异使得每个婴儿都具有独特的遗传特征，即使外貌上与父母相似也可能有显著差异。

双胞胎为什么有的长得很像，有的却不太一样？

正常情况下，双胞胎的平均出生率大概在 1%，但是近年来，很多人发现身边的双胞胎越来越多。现代社会中的双胞胎概率很高，主要取决于试管婴儿等人工辅助生殖技术的发展。

我们看到的双胞胎，有的长得很像，难以区分；有的却完全长得不像，是为什么呢？这是因为，双胞胎分为"同卵双胞胎"和"异卵双胞胎"两种。

同卵双胞胎（单卵双胞胎）

由一个受精卵分裂成两个胚胎，遗传基因基本完全相同。这种同卵双胞胎通常在外貌上非常相似，甚至性别、血型、长相、体格、声音等方面也很像。但后期可能因生活习惯、饮食等环境因素、个体发育差异或基因表达的变化出现一些差异。

异卵双胞胎（双卵双胞胎）

指两个不同的卵子和两个不同的精子分别受精而成。胎儿的性别有可能相同，也有可能不同。尽管他们在母体内的环境相同，但他们的基因组合与普通兄妹类似，因此外貌等方面的差异更大。这些双胞胎的基因组合像任何其他兄妹一样有一定的多样性。

总之，双胞胎之间的相似性和差异性主要由遗传因素和环境因素共同决定的。同卵双胞胎通常更像，但仍可能有细微差异，而异卵双胞胎可能会有较大的差异。

什么情况下会怀孕？如何避孕？

那么，女性在什么情况下才会导致怀孕呢？性交才能让精子和卵子在子宫内相遇受精，导致怀孕。普通的亲亲、抱抱并不会导致怀孕。因此，性交是伴随着责任的行为，还可能带有传播疾病的风险。

成年人在双方同意的前提下发生性关系，是为了表达爱意，这是很正常的事。如果并不想现在怀孕，那么性交应在使用避孕套等安全措施下进行。因为没有安全措施的情况下很可能会导致意外怀孕。

如果意外怀孕了，不想留下胎儿，则需要去正规医院进行引产手术。但这种手术会给女性的身体和精神带来很大的伤害。为了避免发生这样的事情，需要提前了解如何正确使用避孕套以达到避孕的目的。

除了避孕套避孕方式，还有结扎、放环、皮埋、避孕药等避孕措施。紧急避孕药，指在无防护性生活或避孕失败后的一段时间内，为了防止妊娠而采用的避孕方法。

女性在遭受意外伤害时（或其他原因）进行了无防护性生活，或者避孕失败，如安全套破损、滑脱以及错误计算安全期等，可以考虑服用紧急避孕药物。紧急避孕药物在性交后72小时内有效，如果在服药期间又有性生活，时间需重新推算。可以在性交后72小时内服第一片，12小时后再服1片，越早服用效果越好。需要注意的是在服用药物的时候，一般要空腹服用或者服用后2小时不要吃东西，这样不会影响药效。

还有一种常规短效口服避孕药，是一种可长期使用的避孕方法。在正确使用的情况下，每日1片，每个生理周期内连续服用21天，就可维持一定的避孕效果。

但与佩戴避孕套相比，其他避孕方式都无法预防艾滋病、乙肝、淋病等性传播疾病，所以不管是为了提高避孕成功率还是预防性传播疾病，都建议在性生活时使用避孕套。

情侣之间发生性关系会患上性传染疾病吗？

目前，较常见的性病包括淋病、梅毒、非淋菌性尿道炎、尖锐湿疣、沙眼衣原体、软下疳、生殖器疱疹、滴虫病、乙型肝炎和艾滋病等。其中，艾滋病、梅毒、淋病、生殖器疱疹、尖锐湿疣、软下疳、非淋菌性尿道炎、性病性淋巴肉芽肿等八种性病，被列为我国重点防治的性病。

世界卫生组织（WHO）将性病按严重性分为四级：

一级性病	艾滋病。
二级性病	梅毒、淋病、软下疳、性病性淋巴肉芽肿、腹股沟肉芽肿、非淋菌性尿道炎、性病性衣原体病、泌尿生殖道支原体病、滴虫性阴道炎、细菌性阴道炎、性病性阴道炎、性病性盆腔炎。
三级性病	尖锐湿疣、生殖器疱疹、阴部念珠菌病、传染性软疣、阴部单纯疱疹、加特纳菌阴道炎、性病性肝周炎、瑞特氏综合征、B群佐球菌病、乙型肝炎、疥疮、阴虱病、人巨细胞病毒病。
四级性病	梨形鞭毛虫病、弯曲杆菌病、阿米巴病、沙门氏菌病、志贺氏菌病。

性传染疾病可能会引发严重的症状，或者留下后遗症，甚至导致死亡。情侣间通过接吻、性交等亲密行为可能会感染一些性传染疾病。只有正确使用避孕套才能预防感染严重的性传染疾病，尤其是艾滋病。

艾滋病（AIDS），又称获得性免疫缺陷综合征，是由人类免疫缺陷病毒（HIV）引发的全身性疾病。HIV主要侵犯人体的免疫系统，最终导致人体细胞免疫功能缺陷，从而引起各种机会性感染和肿瘤的发生。从感染到发病可短至数月，也可长达数十年，潜伏期平均为6~8年。另外，HIV也会通过血液或母乳等传播，但最主要的传播途径依然是性交。

情侣间就算只发生一次性关系，也有可能患上性传染疾病。而很多性传染疾病不会出现自觉症状，尤其男性被感染后可能也不知道。而女性因特殊的生殖系统，感染上一些性传染疾病可能情况更严重，平时要注意白带异常情况。

除了艾滋病等，大部分性传染疾病并非不治之症，但患病后也是痛苦不堪，因此一定要增强性健康的意识，积极使用避孕套预防感染。

血液、精液、母乳、唾液、阴道分泌液（白带）等均属于易感染疾病的体液，接触到身体黏膜后，就可能引起感染。

女生性发育的生育密码

世界卫生组织对青春期的定义是从10岁开始，女孩来月经、男孩遗精，这些均为青春期性发育的重要表现。当然这一时间跟营养、遗传等因素都有关。

为什么女孩没有小鸡鸡？

"为什么女孩没有小鸡鸡？"

"为什么男孩有小鸡鸡？"

"为什么男孩站着尿尿？"

"为什么女孩要蹲着尿尿？"

这是很多家长在孩子在3~4岁时都会被问的问题。当遇到孩子这样问时，要怎么回答呢？

对于3岁以下的女孩子，不要简单地告诉孩子，"女孩没有小鸡鸡"，这样可能让女孩因为"残缺"而感到自卑、无助，觉得不如男孩，会羡慕男孩。应该这样告诉女孩子：女孩子也有，只是跟男孩不一样。男孩的小鸡鸡是长长的，女孩的是扁扁的，女孩可以站着尿尿，但是会把自己的裤子尿湿。这样解释，让女孩子感受到男女的平等性，并无好坏之分。

对于 3~6 岁的孩子，可以这样告诉孩子：男孩的小鸡鸡叫作阴茎，阴茎比较大，长在身体外面。而女孩的"小鸡鸡"是扁扁的，从外表看只是一条缝隙，其他的部分都隐藏在身体里了，从外面看不到。

对于 6 岁以上的孩子：可以用正规的名称给孩子解释。女孩和男孩的身体有很多相同的地方，比如相似的大脑、骨头、眼睛、鼻子、耳朵、嘴巴、胳膊、腿、手、心脏、胃、肠等。

也有不同的地方，比如生殖器官的不同。男孩的"小鸡鸡"又叫"阴茎"，阴茎和阴囊是男孩的外生殖器官。男孩尿尿的地方在阴茎的开口处。阴茎在身体外面，尿尿很方便，还可以把握方向。女孩两腿间贴近身体处有两个开口，前面一个用于尿尿，后面一个用于生宝宝，生宝宝的开口叫作阴道，阴道是女孩的生殖器官。

男孩、女孩其实都可以站着尿尿，或蹲着尿尿。但因为男女生殖器官的结构不同，为了更方便，或不尿湿裤子，男孩会站着尿尿，女孩要蹲着尿尿。

乳房什么时候开始发育？

女孩进入青春期后，乳房就会开始发育了。这是女孩青春期发动的最早征象。乳房的日渐隆起，也是女孩青春期性发育的标志。乳房发育过程中有可能会变硬，出现触痛、疼痛的感觉。

女孩乳房的发育具有很大的差异性，有的女孩在八九岁时乳房就开始发育了，有的女孩则要到十几岁时乳房才开始发育。如果女孩在 8 岁前出现胸部发育的第二性征，则代表着可能性早熟。

如果女孩胸部发育成熟过早，可能使骨骼生长时期缩短，骨骺会过早闭合，影响身高。

为什么有的乳房大，有的小，甚至一大一小呢？

有些乳房发育较早、长得比较大的女孩往往会因"与众不同"的身形而感到自卑；有些年纪较大的女孩子进入青春期后却因乳房发育过小而感到焦虑。

还有些女孩的乳房呈现出一大一小。这是因为在乳房发育的初期，由于两侧乳房对激素的敏感程度不同，会出现两侧乳房发育不平衡的现象。随着年龄的增长，乳房不断发育成熟，两个乳房的大小会逐渐接近一致。

女性的乳房是由乳腺和大量脂肪包裹，其大小、形状、乳头和乳晕的颜色因人而异，是由什么因素决定的呢？通常会受到遗传、激素水平和体脂比例等多种因素的影响。

遗传因素是乳房大小的主要决定因素。遗传基因会影响乳腺组织的数量和分布，从而影响乳房的整体大小和形状。如果家族中的女性有较大的乳房，后代也可能继承类似的特征。遗传信息决定了乳腺组织的发育方式，这直接影响乳房的体积和结构。

激素水平对乳房的发育有着重要的影响。女性在青春期时，雌激素和孕激素的分泌增加，这些激素促进了乳腺组织的生长和发育。乳房在月经周期、妊娠和哺乳期间也会受到激素水平变化的影响。例如，怀孕时体内的激素水平增加，乳腺组织增生，使乳房变得更加饱满和敏感。雌激素在青春期的作用尤为显著，它促进了乳腺导管的扩展和脂肪的积累，从而使乳房增大。

体脂比例也是影响乳房大小的一个因素。乳房的一半体积由脂肪组织构成，因此体脂较多的女性通常乳房会显得较大。体脂比例又受饮食、运动和代谢等多种因素的影响，较高的体脂水平可能导致乳房增大。相反，体脂较少可能使乳房显得较小。

除了上述因素外，年龄和生活方式也会对乳房大小产生影响。随着年龄的增长，乳腺组织可能被脂肪替代，乳房可能会变得更加松弛，体积变得更小。

乳房发育后要选择合适的胸罩！

根据乳房的发育情况，要选择合适的胸罩，这对于乳房的健康和舒适性非常重要。

胸罩可以保护乳房不受擦伤或碰撞，尤其是在体育运动中，戴胸罩可以避免乳房过度颤动以及受伤。合适的胸罩可以托住乳房，防止乳房下垂。同时，女孩乳房发育后佩戴胸罩，也可以让身形更好看，显示出女性的体态美，弥补乳房发育不一致的缺憾，同时还可以保护女性的隐私部位，凸显更文明的举止。

如何选择合适的胸罩呢?

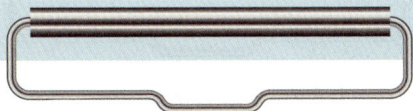

确定正确的胸罩尺寸是关键

胸罩的尺寸包括带围和罩杯两个部分。带围是胸罩底部围绕胸部的部分，罩杯则包裹乳房。使用尺子准确测量胸围和罩杯的尺寸，以确保选择合适的胸罩。带围应该贴合但不紧绷，罩杯则要完全包裹乳房而不出现挤压现象。

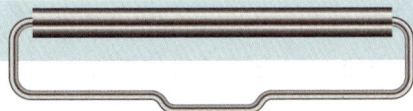

选择适合的胸罩类型和款式也很重要

常见的胸罩类型包括全罩杯、半罩杯、运动胸罩和无钢圈胸罩等。全罩杯适合需要全方位支撑和覆盖的人群，半罩杯则适合日常穿着并提供适度支撑。运动胸罩专为运动设计，提供更强的支撑和稳定性。无钢圈胸罩则更为舒适，适合长时间穿着。根据个人的活动需求和舒适感选择合适的胸罩类型。

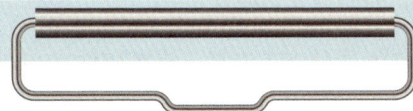

注重胸罩的材料和设计，这样佩戴更舒适

选择柔软透气的材料，如棉质或丝绸，能够提高舒适度。弹性好的胸罩可以更好地适应体型的变化，同时避免勒痕。避免选择含有过多化学成分的材料，以减少对皮肤的刺激。

调整肩带和带围的合适性也很重要

肩带应该能够提供足够的支撑，但不应过紧或造成肩部不适。带围应保持在胸部的下方水平线位置，避免上滑或下滑现象。适当的调整能够确保胸罩的支撑效果最佳，并减少对乳房的压力。

定期检查胸罩的状态和合适性也很重要

随着体型和乳房的变化，胸罩的尺寸和支撑需求可能会发生变化。定期更换和调整胸罩，确保始终提供最佳的舒适性和支撑效果。

穿戴胸罩时要注意什么？

穿戴的胸罩应勤洗勤换，保持清洁。为了保证乳房的正常发育，在不必要的时候可以摘下胸罩，如午睡时解开胸罩扣，晚上睡觉时取下胸罩。

第一次来月经是在几岁呢？

女孩第一次来月经的年龄因人而异，也不固定，一般在 9~16 岁之间，有早有晚，12 岁左右居多。第一次来月经被称为月经初潮，是女性生理周期的开始，标志着生育能力的成熟。

月经初潮的年龄受遗传因素、营养状况、健康状况、体重、心理因素、生活方式和环境等因素影响。女孩进入青春期后，通常伴随着乳房发育、体毛增长和身高增长等一系列身体变化。月经初潮通常发生在这些生理变化之后的几个月或几年。

女孩要积极对待月经，不要因为身边的朋友都来了月经，自己还没来而担忧，也不要因为来了月经而感到羞耻。

月经初潮的年龄是一个正常的生理变化，每个人的经历都是独特的。了解和接受这一变化，做好相关的健康教育和准备，对于女孩们的成长过程至关重要。鼓励开放的沟通和正确的信息可以帮助女孩们更好地理解和适应月经周期，促进身心健康的发展。

月经初潮的信号

如果无法准确预测月经初潮开始的时间，可以适时观察阴道分泌的白带。通常在月经初潮前的6~12个月，阴道会分泌少许乳白色的黏稠分泌物（白带），这预示着月经初潮即将来临。

妈妈可以告诉女儿，如果发现自己的内裤上出现了白带，就需要为月经初潮做准备了。

月经初潮时的出血量并不多，可能只在内裤上留下一点儿血污，也可能经血会浸湿内裤，甚至印在裤子上。

如果在学校时，突然发现内裤上有血，或浸湿了裤子，要记得向老师寻求帮助。有的学校医务室会备有卫生巾和干净的短裤。

怎样确定月经周期呢？

月经是有周期性的，一般情况是每个月都会出现。大多数女孩在刚来月经时，由于卵巢的功能还不稳定，排卵的周期也不固定，月经周期也不规律。这种不规律的月经现象要经过约一年时间来调整。女孩月经初潮后，随着卵巢功能的完善，会逐渐形成正常规律的月经。

要确定月经周期，通常涉及跟踪月经的开始日期、持续时间以及周期的规律性。

月经周期，指从月经的第一天，到下一次月经的前一天之间的时间。每次月经持续时间称行经期，正常的经血呈暗红色、黏稠无血块，一般为 2~8 天，平均 4~6 天，一般情况下月经时间不超过 8 天即可。

月经周期长短因人而异，通常取决于卵巢周期的长短，由孕酮（黄体激素）和雌激素（泡激素）这两种女性体内分泌的激素量决定。

月经周期一般为 21~35 天，平均 28 天，也有 23~45 天，甚至 3 个月或半年为 1 个周期。只要有规律，一般都属于正常月经，无须担心。

掌握一些步骤和方法，可以帮助确定和记录月经周期。可以记下相关日期，从而推算出自己的月经周期。如果孩子经常忘，妈妈可以帮孩子记录。

记录月经开始日期

标记开始日期：每当月经开始时，记录下第 1 天。这是你周期的第 1 天。

记录结束日期：记录月经结束的日期，以确定月经持续的天数。月经通常持续 3~8 天。

计算周期长度

确定周期长度：月经周期的长度是从一个周期的第 1 天到下一个周期第 1 天之间的天数。周期长度可以在 21~35 天之间变化，但大多数女性的周期为 28 天左右。

记录周期的变化：计算几个月的周期长度，找出平均长度。这可以帮助你了解你的周期是否规律。

使用月经追踪工具

许多手机应用程序可以帮助你记录月经周期，预测排卵期，并提醒你下一个周期的开始日期。

周期日历：使用纸质日历或电子日历，手动标记月经的开始和结束日期，方便跟踪和计算周期。

注意周期规律性

规律性：记录周期的规律性。如果周期非常规律，周期的长度通常是一致的。周期不规律可能表示身体的某种变化或健康问题。

周期的变化：了解是否有周期变短或变长的趋势，这可能受到生活方式、压力、健康状况等因素的影响。

理变化，并在必要时采取适当的措施。如果发现月经周期非常不规律、异常长或短，或有其他健康问题，建议及时咨询医生，排除可能的健康问题，并提供专业建议。

为什么女孩要来月经？

如果女孩对月经一无所知，经历月经初潮时，可能会产生恐慌。所以，家庭性教育要提前铺垫相关知识。告诉孩子，女孩之所以会来月经，是女孩进入青春期后出现的一种正常的生理现象。

女性的内生殖器官由卵巢、子宫、输卵管、阴道构成。其中，卵巢的主要功能是产生卵细胞、合成雌激素，子宫和输卵管则是生育器官。

卵巢中含有几万个卵泡，每个卵泡中含有1个卵细胞。青春期之前卵泡基本上没有功能。女孩进入了青春期，在脑垂体前叶促性腺激素的作用下，不成熟的卵泡逐渐发育，合成雌激素。当卵泡发育成熟，一般每个月都会有一个成熟的卵子从卵巢排出。排卵之后，卵泡壁就会塌陷，细胞变大、变黄，称为黄体，它在合成雌激素的同时还产生孕激素。排出的卵子如果没有与精子结合，在排卵后的 14 天左右，黄体萎缩，停止分泌雌激素与孕激素，此时子宫内膜中的血管收缩，内膜坏死脱落，便会引起出血，形成月经。

随着卵巢的变化，子宫内膜也会受其影响，发生相应的周期性变化。雌激素使子宫内膜增厚，内膜细胞增多、增大。排卵后，由于雌激素和孕激素的共同作用，子宫内膜发生水肿，腺体产生大量黏液及糖原，内膜厚度由 1 毫米增到 6 毫米。如果排出的卵细胞受精了，则受精卵经输卵管运送到子宫内发育，称为妊娠，妊娠组织合成一种绒毛膜促性腺激素，会支持卵巢黄体继续发育。

来月经时的注意事项！

女孩子来月经后，通常面临着以往不曾遇到的各种问题。需要了解月经可能并发的腰酸、嗜睡、疲劳、乏力、痛经、月经失调等现象，避免加重心理负担。

会出现什么症状呢？

月经会给女性身体带来很多影响，具体的症状和程度也都不一样。初潮来临的女孩，会出现生长迅速，食欲增加，乳房发育隆起，时有疼痛，阴毛、腋毛开始增加，外阴、乳头有色素沉着，颜色变深，乳晕面积增大，颜面红润，这些现象应是初潮即将来临的预兆。

月经来临可能伴随的症状包括腹痛、腰痛、乳房肿痛、头晕头痛、情绪低落或烦躁等。这些症状统称为经前综合征（PMS），一般在月经前 3~10 天会出现以上症状。有的人则没有这些症状，有的人来月经后，这些症状会减轻，最终消失，有的人则会在月经期加重，引发痛经。女性来月经后之所以有这些不适症状，可能是受到孕激素和雌激素分泌量急剧变化的影响。

痛经是女性在月经期常见的现象。青春期女性的痛经是子官过度收缩造成子官痉挛缺血而引起的，加上子官口狭窄，经血很难流出，很容易出现痛经。一般并不存在生殖器官的病变或畸形。有些女性在成年后经历妊娠生育后，痛经症状也可能有所缓解。

严重痛经者可能伴随脸色苍白、恶心心慌、腹痛剧烈、手脚冰冷、昏迷，要及时就医，常备止痛药服用（遵医嘱）。

要想有效地减轻经前综合征或痛经的症状，一定要注意经前经后规律生活。

均衡饮食。避免饮食寒凉、辛辣刺激食物，多喝温开水和红糖水。

经期应避免参与长距离骑车、跑步、打篮球、踢足球等剧烈体育运动，可以参加散步等轻度的体育锻炼，使经血顺利排出。

注意腰腹部、手足部保暖，可以用暖宝宝、热水袋等热敷腰腹部。

保证充足的睡眠时间，不要熬夜。

可淋浴，但不能坐浴或盆浴，避免感染。

选择柔软、吸湿性强的安全可靠的卫生巾，不能用消毒不严格的普通卫生纸和草纸来代替，并及时更换。

疼痛剧烈，无法忍受时，可以在医生的指导下服用止痛药。

保持好心情，不要过度紧张焦虑，以免加剧疼痛。

来月经时流出的血量大概有多少呢?

经量为一次月经的总失血量，正常月经量为 20~60 毫升，超过 80 毫升为月经过多。经血并不是一下子全部流出来，而是在经期内一点点流出来。月经第一天的血量较少，第二或第三天会增多，第三或第四天之后，血量会逐渐减少，直到完全停止。

来月经后就能生孩子了吗?

女孩来了月经，就说明生殖器官功能趋于成熟，基本具备生孩子的能力。但是这时的女孩本身发育还不成熟，也没有养育孩子的能力，因此不建议青春期女孩生育，要等到成年后具备养育的能力才考虑生孩子。

但是，来月经后的女孩一定要保护好自己，遇到性交、性侵等特殊的情况，要及时采取相关措施，避免过早怀孕生育。

每月都流那么多血，身体会不会很差？

女孩来月经都会引起身体失血，通常不会导致身体变差。每个月流血是体内自然周期的一部分，体内的循环系统和造血系统也会及时补充。

不过，日常需加强营养，如果月经流量过多或过少，甚至经期异常，可能是健康问题的信号，需及时就医。

女孩体内有几个卵巢呢？

女孩体内有两个卵巢，位于骨盆腔的两侧，分别是左侧和右侧卵巢。卵巢是女性生殖系统的重要部分，主要负责卵子的产生和激素的分泌。

女性生殖器包括内生殖器和外生殖器。内生殖器位于身体内部，包括子宫、卵巢、输卵管和阴道。外生殖器位于身体外部，包括阴蒂、大阴唇、小阴唇、阴道口、尿道口、肛门。女孩的内生殖器是孕育胎儿的重要器官，

卵巢就位于内生殖器中。子宫位于腹部下侧正中央，是孕育胎儿的重要场所。而卵巢就是子宫两侧的卵状器官，卵子就隐藏在卵巢内的卵泡中，成熟的卵子会朝着子宫的方向移动，进行"排卵"。卵巢还负责分泌雌激素和孕激素，这些激素可以调节月经周期、维持生殖健康并影响其他身体系统的功能。输卵管是连接子宫和卵巢的通道，离开卵巢的卵子就是在这里遇到精子的。

通常情况下，女性的卵巢一个月有 5~10 个卵泡发育，但是只有一个卵泡发育成熟，排出卵子。因此，并不是每个卵巢都会在每个月排出卵子。

女性一生中可以排出多少个卵子呢？

卵子，是雌性生物的生殖细胞，球形，有一个核，由卵黄膜包被着。动物和种子植物都会产生卵子。人类的卵子由卵巢所产生，由卵母细胞分化而来，直径约为 0.2 毫米。除了可以分泌女性必需的性激素外，卵巢的主要功能就是产生卵子。

女孩的卵巢在妈妈 3~6 孕周时已形成雏形。胎儿在妈妈子宫里时，卵巢中已有数百万个初级卵母细胞形成，随着胎龄的增长，卵母细胞会逐渐减少。刚出生女婴的卵巢内大约保存了 200 万个卵母细胞。女孩逐渐长大，卵母细胞的数量随

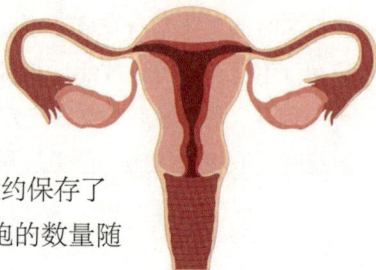

之减少。在迎来月经初潮时，卵母细胞的数量是 20 万~30 万个。经过青春期，到成年也就只剩 10 万多个初级卵母细胞了。到了 30 岁之后，卵母细胞的数量减少到 2 万~3 万个。到卵母细胞的数量接近 0 的时候，女性就会迎来绝经。

初级卵母细胞包裹在原始卵泡中，在性激素的影响下，每个月只有一个原始卵泡成熟，成熟的卵子再从卵巢排出到输卵管。

那么，女性一生中能排出多少卵子呢？

通常来说，在女性的一生中，能发育成熟并被卵巢排出的卵子为 300~400 个。假设女性周期性来月经的时间是 35 年，月经周期为 30 天，那么女性一生中排出的卵子大约有 420 个。

女性的卵子是通过减数分裂形成的，第一次减数分裂在卵巢内完成，经过排卵过程，即将次级卵母细胞及外周的透明带和放射冠排出，倘若次级卵母细胞遇到精子，在结合过程中进行减数第二次分裂，就成为真正意义上的卵子。

女性怀孕期间并不会来月经，哺乳期间也可能不来月经。

1 个卵子里最多能进入几个精子呢？

女性如果开始月经后，卵巢中发育成熟的 1 个卵子每个月会从输卵管中排出。每个月排出的这个卵子一般可存活 48 小时，如果在 48 小时内与男性性交，男性将精子送入女性体内。精子会通过子宫进入输卵管，朝着卵子前进。在最终抵达卵子附近的精子中，只有最强的 1 个精子可以使卵子受精，成为受精卵。受精卵会一边反复进行细胞分裂，一边朝着子宫移动。通常女性在排卵 5~7 天后，受精卵到达子宫内膜处，开始着床发育，女性就怀孕了。

女性从怀孕第二个月开始，就会停止月经和排卵，乳房逐渐增大，子宫内膜会变厚，为之后孕育宝宝而准备。

那么，为什么只有 1 个精子能进入卵子呢？这是因为这个最强的精子破坏了卵子的膜进入其内部后，卵子周围就会自动形成屏障，阻止其他精子进入。

若卵子排出后不能与精子相遇形成受精卵，便在 48~72 小时后自然死亡。如果这个月失去受精的机会，就要等到 1 个月后另一个卵子成熟并被排出，重复同样的过程。

女性左右两个卵巢通常是轮流排卵，少数情况下能同时排出两个或两个以上的卵子。如果分别与精子相结合，就出现了双卵双胞胎和多卵多胞胎。

精子与卵子成功结合的概率有多少？

为了孕育生命，男性的数百万个精子会进入女性的生殖道，然而最终只有极少数精子能够成功找到卵子并受精。因此，精子的生存挑战是非常激烈的。

男性在射精时，会同时出现1亿~4亿个精子。但是女性的阴道内呈酸性，精子的存活时间和阴道内的酸度有关，阴道内酸度越高，精子死亡的速度越快。

一般来说，1小时后，精子进入宫颈内口；12小时后约有5/6的精子仍然可以存活，在36小时之后，仍有1/4的精子可在体内存活，直到3天之后，宫颈内便没有活的精子了。

即使最后闯过关卡，有些精子成功进入输卵管后，会遇到白细胞的攻击，也可能只存活1~3天。而且女性人体左右两侧各有一条输卵管，只有进入有卵子的一侧，才能遇到卵子。有些精子会进入腹腔，而运动迟缓的精子，则被纤毛流推回到宫腔中去。

即使遇到卵子，也只有1个精子可以进入卵子内部，完成受精。因此，一般情况下精子成功遇到卵子结合的概率只有几亿分之一。

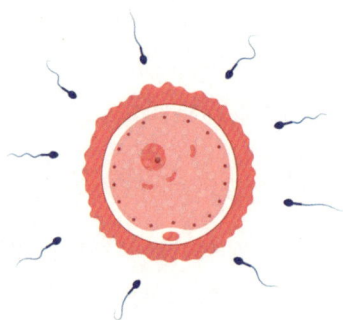

💡 男孩性发育的生育密码

青春发育期的男孩，会面临很多身体发育的变化。面对这些变化的时候，他们往往会出现一些困惑，而这些困惑有些是不方便跟人交流的，于是就变成了男孩的秘密。如果这些秘密久而久之得不到排解的话，就会影响孩子的心理健康。

男孩可以穿裙子吗？

家有小男孩的家长可能会遇到以下情形：

男孩喜欢姐姐或妹妹的裙子、鞋，说："妈妈，我穿上漂亮的裙子和鞋，是不是就变成漂亮的小女孩了？"

其实，家长不必大惊小怪，对于幼儿园的小男孩，之所以会有这样的行为与想法，可能只是一时好奇，因为他们不知道自己的性别是不会改变的。

婴儿在出生后就通过直观观察父母，其他男女，以及同龄人的外貌、行为、说话方式等方面来认识男性与女性的主要区别。

2岁左右的孩子开始理解性别的不同，比如男孩有小鸡鸡，女孩没有小鸡鸡。但是这个阶段的孩子对性别的认识并不全面，认为性别是可以改变的。比如，男孩穿上女孩的小裙子，留长发，就会认为自己变成了女孩。

5岁左右，孩子开始认知并更加理解男女之间的身体差异，清楚地知道自己的性别并不能改变。此时的孩子也会更认同自己的性别身份，并刻意学习爸爸等同性身上的某些行为方式。

家长要在儿童期就帮助孩子形成正确的性别认知，尊重男孩、女孩的成长差异，不要起到错误的示范作用，让孩子对性别认知产生偏差。即使孩子偶尔喜欢穿异性的服装，也不要过度焦虑，要对孩子的想法表示理解。他们也许只是好奇，想体验一下异性的感觉。但是，我们可以适当引导，比如告诉孩子在不同的场合，就要遵守不同场合的规范。在幼儿园、小区等公共场合，尽量不穿异性的衣服，被别人看到的话，可能会面临指责、议论。

如果孩子长期表现出异性的行为特征，家长则要予以注意，了解孩子这样做的原因，并进一步帮助孩子树立正确的性别观。

男孩为什么经常尿床?

男孩夜间遗尿,在儿童中比较常见。这个现象通常是多种因素造成的,涉及遗传、发育、心理和生理等方面。

遗传因素:通常在家族中显性遗传,若父母都是或一方为夜遗尿患者,他们的孩子便有更大概率尿床。

发育迟缓:夜间遗尿常见于发育较慢的孩子。孩子的膀胱和大脑之间的神经控制可能还在发育中,特别是在深度睡眠时,孩子可能无法醒来去厕所。

膀胱容量不足:一些孩子的膀胱容量较小,无法容纳一整夜的尿液,如果夜间未及时排尿,就可能导致夜间尿床。

抗利尿激素水平低:抗利尿激素在夜间的分泌量不足,可能导致尿液排泄过多。

心理因素:压力、焦虑、家庭变动等心理因素也可能影响尿床。孩子在经历生活变化或情绪困扰时,可能会出现尿床现象。

尿路感染:尿路感染可能导致尿频、尿急等症状,从而增加夜间尿床的风险。

睡眠深度:一些孩子睡得很深,可能在夜间无法意识到膀胱充满,需要排尿。深度睡眠可能使他们更难在需要时醒来。

便秘:便秘可能增加膀胱的压力,导致尿床。大便在肠道内积累,可能会压迫膀胱,影响其正常功能。

尿床在儿童中一般都是暂时性的,许多孩子会随着年龄的增长和身体发育逐渐克服这一缺点。家长在面对孩子尿床问题时,不要责骂,需冷静处理。比如让孩子养成在睡前排尿的习惯、睡前减少液体摄入、夜间定时叫醒孩子去排尿、多鼓励他们形成良好的睡前习惯,如尿床持续且影响生活质量,可以寻求医生的帮助。

为什么阴囊长在人体外部呢?

男孩的生殖器也分为外生殖器和内生殖器,外生殖器位于身体外部,包括包皮、阴囊、阴茎头、尿道口。内生殖器位于身体内部,包括前列腺、精囊、膀胱、输精管、尿道、睾丸、肛门。

日常生活中，我们常对小男孩说的"小鸡鸡"和"蛋蛋"，就是指"阴茎"和"阴囊"。

阴囊指男性外阴部下垂的囊状物，内有睾丸、附睾和精索等器官。阴囊中的睾丸左右各一，负责产生精子、分泌激素；附睾负责贮存精子，分泌液体营养精子，促使精子继续发育、成熟，增强其活动力。

睾丸是男性重要的生精器官，却和阴囊一起暴露在身体外部，这是为什么呢？

这是因为对于男性来说，睾丸这个器官天生就怕热，因此要"挂"在外面。男性的睾丸和女孩的卵巢一样，出生之前就已经形成。但男性的精子很不耐热，只有在比体温低4℃的地方才能产生，即在34℃左右温度下，才能产生健康的精子。如果在37~38℃的温度下，形成精子的过程会严重中断，因此睾丸要在身体外部才能维持精子的正常。

外部的阴囊会在炎热的时候伸展，寒冷的时候紧缩，这样就可以起到调节温度的作用。

为什么男孩的尿道更长？

成年男性的尿道，从膀胱的尿道内口算起，到尿道外口，全长可达16~20厘米。途中，尿道还会经过两个弯道。储存在膀胱里的尿液流经阴茎，最后从尿道口呈线状排出。男孩排尿并不容易，一般站着排尿更顺畅。而成年女性的尿道是3~4厘米，最长也不超过5厘米，所经路线没有弯曲，因此排尿更加容易。储存在膀胱里的尿经过很短的尿道，便从尿道口流出去了。因为尿道短，女性排尿时，尿液容易飞溅，因此需要蹲着排尿。

男孩的尿道是尿液和精液流经的通道，而女性的尿道只有尿液经过。男性尿道长，不利于细菌入侵，所以男性的尿道、膀胱感染比女性要少。相反，女性因为尿道短，阴道和肛门距离近，更容易导致细菌进入膀胱，易得膀胱炎。因此要注意日常清洁。

男孩首次遗精一般在几岁？

遗精，指无性交活动、无自慰时的射精现象。如果遗精发生在梦中，被称为梦遗；若发生在无梦状态，甚至是清醒状态时，被称为滑精。

男孩首次遗精一般发生在10~18岁，12岁左右居多，比女孩月经初潮的年龄稍晚。男孩遗精都是正常的生理现象，也是青春期性发育的重要标志。

进入青春期，男孩的睾丸就会开始具备产生精子的功能。而在某个时间点，男孩的阴茎前端（尿道口）会在勃起的状态下流出白色黏液。这些白色黏液就是负责运送精子的精液。精液从阴茎中排出的过程叫作"射精"，而第一次射精叫作"初精"。

男孩初次遗精后，平均每隔10~15天会发生一次遗精，但不像女孩的月经那么有规律，具体因人而异。通常来说，男孩每月遗精1~2次或稍多几次也都是正常的。如果频率过高如连续几周每周2次以上，且伴有萎靡不振、头昏乏力等现象，则需要及时就医检查。如果遗精次数偏少，不一定是病理状态，有可能与学习压力过大、自慰习惯、精液随尿液排出等因素有关。

青春期男性约有80%会遗精，20%则不会，这并不代表不正常，可能与其较少思考性相关话题，以至大脑皮质性刺激不足有关。也有一部分男性自慰较为频繁，可能也不会遗精。

男孩遗精后，就具备了产生精子的能力，意味着性发育成熟，拥有了生育的能力，是正常的生理现象，不要感到羞耻。除了了解自己青春期身体发生的变化，了解自己的身体器官与其生理功能，爱护自己的身体，还要培养积极的性价值观。

一天内会产生多少精子数量？

男性一天内产生的精子数量受多种因素影响，包括年龄、健康状况、生活方式等。虽然无法给出精确数字，但可以提供一个大致的范围。射精时排出的精液由精子、精囊腺和前列腺的分泌液组成，每次2~6毫升，只有1%是精子，为1亿~4亿个。1天内可以产生的精子数量是5000万~1亿个。

精子的形状就像小蝌蚪一样，长度大约为60微米。正常精液的颜色呈透明灰白色，如果禁欲时间长，可呈淡黄色，生殖道有炎症时呈黄色甚至精液中有血液。排精后1小时内活动精子的百分比一般不小于60%。

精子由睾丸中的曲细精管（细长且弯曲的管道）产生，大约需要70天。精子产生后会被运送到附睾中储存，并在那里逐渐成熟，等待排出体外，寿命是2~3天。成熟的精子由含亲代遗传物质的头和具有运动功能的尾所组成，分头、颈、中、尾四部分。头部是传递遗传信息的"精子核"，中间是精子的能量源（线粒体），后面是尾部。精子也像小蝌蚪一样通过不断扭动尾部，向前运动。

为什么阴茎会勃起呢?

阴茎勃起指男性阴茎受刺激后，血管舒张，血液快速地充入阴茎海绵体，最终导致阴茎撑起，变硬变长的过程。

那么，阴茎为什么会勃起呢?

男性的阴茎里面并没有骨头，而是一个呈海绵状的器官，里面有一根尿道海绵体和两根阴茎海绵体。海绵体外面由一层坚韧的膜包裹着，里面聚集了很多细小的血管。平时处于萎缩的状态，如果受到性刺激变得兴奋，大量血液就会流入海绵体，膨胀到一定程度，阴茎会因为血液的压力而变硬，原本松弛的阴茎就会坚挺起来，这个现象被叫作"勃起"。

而人类若想繁殖，就必须把精子送到卵子附近，完成受精并孕育新的生命。为了完成运送精子的任务，阴茎必须变大变硬，这样才能顺利插入阴道中。阴茎之所以会在青春期勃起，是为了保证成年后孕育下一代而做的练习。

阴茎勃起异常与精神心理因素关系密切，长时间的情绪压抑会严重影响阴茎的正常勃起。

晨勃为什么会在早上出现呢?

晨勃，指男性在清晨 4~7 时，阴茎在无意识状态下不受情景、动作、思维的控制而产生的自然勃起，是一种正常的生理现象。

青春期的男孩初次遗精后，都会存在晨勃现象。如果发生晨勃不必惊慌，遇到这种情况，可以借着去洗手间小便的机会冷静一下，过一会儿晨勃就会自动停止。

有时晨勃现象可能会消失，有的男性会误认为自己是阴茎勃起功能障碍，但并不一定，也可能受疾病、药物、精神状态、生活方式等多种因素的影响所致。

性成熟后，随着年龄的增长，晨勃次数会逐渐频繁，持续时间也会变长。30 岁后，随着年龄的增长，晨勃则会逐渐减弱或衰退。

高血压、糖尿病、腰椎间盘突出、冠心病、结核病、脊髓损伤、性病等很多疾病，都能影响性功能及晨勃。严重的精神创伤、悲愤过度、抑郁、过度疲劳、精神疲惫、睡眠不足等因素也会使晨勃明显减少。

除此之外，膀胱贮尿过多，致使膀胱内压力增加而产生刺激作用，可以引起阴茎发生一种潜意识的反射性勃起。

阴茎到底有多大？各有不同！

很多男孩可能都会好奇，到底阴茎有多大呢？其实，每个男孩的阴茎大小和形状也都因人而异，并不需要和其他人比较。

青春期的男孩对阴茎大小的关注远大于其他身体部位，可以说是许多男孩心中的秘密。总有意无意地与同龄人比较阴茎的大小，从而对阴茎的大小十分敏感。如果阴茎发育良好，则男孩往往觉得更具备阳刚之气。如果发育不如别人，又常常转化为自卑和焦虑。

其实，男孩们的阴茎各有不同，有的大，有的小，有的长，有的短，有的可能向左偏，有的则向右偏，颜色也可能不一样。

阴茎松弛时，悬垂于耻骨联合下方，长度均数最大值10.6厘米、最小值3.7厘米，横径均数最大值4.3厘米、最小值1.9厘米。阴茎勃起时，会增大到平时的1~2倍，体积和硬度随之增加。

有研究数据表明，松弛时体积较小的阴茎膨胀率大于原先体积较大的阴茎，故因阴茎体积过小或过大而影响交配者罕见。所以，阴茎平时的大小与勃起后的大小并无直接关系，影响很小，男孩们实在不必为自己的阴茎大小与别人不同而焦虑不已。

男孩要选择合适的内裤。纯棉质地更柔软，吸湿性更强，卫生性能更佳。因为睾丸怕热，时间持续过长，会影响健康。所以，要适当选择宽松一些的内裤，尤其是炎热的夏天。男孩的内裤建议手洗。

阴茎头和包皮之间很容易藏污纳垢，因此男孩平时要注意清洗私处，清洗时用手轻柔地拨开包皮，用温水清洗阴茎前端，然后把包皮恢复原状。

一直忍着不射精的话，会发生什么呢？

有的时候，男孩们可能觉得内裤上沾了精液变得很脏，其实这是不健康的心理。进入青春期后，男孩射精是正常的心理现象，睾丸会在青春期时开始形成精子，每天都会不停地形成精子。

不过，无论是射精还是不射精，其实对身体并无大碍，如果一直忍着不射精，精液也不会继续蓄积。经过一段时间，精子就会自然分解，被身体吸收掉。但想要射精时，却强忍着不射，精神可能会变得焦躁不安。

尿液会和精液一起从尿道流出来吗？

之前，我们说了，尿液和精液都是从尿道口流出的，那么尿液会和精液一起从尿道流出来吗？

实际上，男性的尿液和精液不是同时排出的。这是因为男性的尿液和精液是由两种括约肌控制排出的，它们可以准确地控制尿液或者精液通行。

肾脏输送出来的尿液会暂时储存在膀胱中。当膀胱中的尿液装满时，尿液就会通过尿道口排出。在睾丸中形成的精子会通过输精管，从前列腺内侧进入尿道，并从尿道口出去。

阴茎勃起并射精时，精子会进入尿道中的前列腺。这时膀胱附近的括约肌会收缩，防止尿液和精液混杂在一起。

所以，男性在射精时是无法排出尿液的。当然，排尿的时候，膀胱附近的括约肌会松弛，然后排出尿液，也不会射精。

还有的男孩认为精子从尿道中射出，不会沾染尿液吗？其实，在因为兴奋而射精之前，尿道口会分泌出透明的碱性液体——尿道球腺液。尿道球腺液可以在精液经过尿道之前，中和尿道里因为尿液残留而呈现的酸性环境，从而保证精子可以安全通过。这种情况下，尿道球腺液中含有一些精子，可能会使女性怀孕。

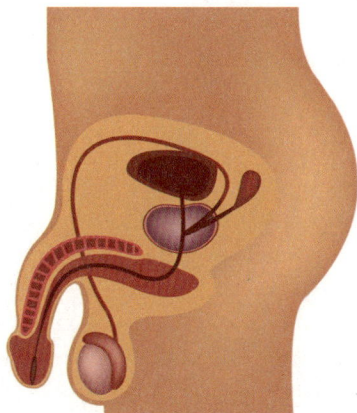

第三章
0~6 岁性启蒙教育
大有学问

性启蒙教育对于 0~6 岁的孩子非常重要，因为这段时间是他们性别认知和身体意识发展的关键期，也是孩子性发展的萌芽期。家长的性启蒙教育应以适龄的语言进行，帮助孩子正确了解身体的各个部位。教育孩子学会界限意识，理解身体的私密性，知道如何拒绝别人不恰当的触摸或行为。

孩子总是摸妈妈的乳房怎么办?

有的孩子断奶之后,还总是爱摸妈妈的乳房睡觉。有些是孩子非要摸着才能睡,有些也源于妈妈的安抚,妈妈为了让孩子更安静些,让孩子摸着自己的乳房睡觉。这些习惯一旦养成后,戒掉却很难。孩子大了,妈妈更苦恼了:不给孩子摸,孩子又哭又闹不好好睡觉;让孩子一直这么摸下去,不仅自己觉得不自在,也担心孩子会对身体没有界限感,形成不健康的性心理。

有的孩子到了五六岁,甚至上了小学,还喜欢偷袭妈妈或其他成年女性的乳房,有二胎的妈妈可能还面对着孩子突然提出要喝妈妈的奶的问题。

父母要对儿童的性心理发展有一定的认知,知道孩子这些行为的背后是在表达何种需求。比如,3岁以前的孩子可能真的是缺乏安全感的表现,6岁以前的孩子对乳房的兴趣并不是真的性意识。跟弟弟或妹妹争母乳喝,可能也只是孩子对妈妈爱的需求,为了享受到和弟弟或妹妹一样的关注。当然也可能只是单纯好奇母乳的味道。妈妈这时就要做好心理准备,给孩子一个安全的过渡期。

孩子在探索自己的身体和周围世界时,有时会摸妈妈的乳房,这在幼儿期是比较常见的行为。如果孩子摸乳房只是断奶时的过渡行为,大可不必过于焦虑。到孩子长大了,妈妈想要孩子停止这个行为,可以告诉孩子身体的界限感。"你长大了,这样摸妈妈的乳房,妈妈会感觉不舒服,我们从今天晚上开始,睡觉不摸好吗?"如果孩子不同意,就要温和而坚定地讲,如果晚上不摸乳房,那他觉得他怎样才可以睡着。两个人一起商量出解决的办法。比如,握着他的手,把他紧紧地抱在怀里一会儿,或者睡觉前亲一下他的脸蛋,等等。

处理这种情况时,妈妈一定要保持冷静和理解,采取适当的方式引导孩子,以温柔、耐心和教育为基础,帮助孩子认识到身体隐私的重要性,同时满足他们对爱的需求。

首先,确保在处理这个问题时保持温和的态度,不要带有羞辱感。可以通过平静的语气告诉孩子,这个部位是私人部位,只有在特定的情况下(如医疗需要)才可以触碰。

其次,分散孩子的注意力。通过引导孩子去探索其他玩具或活动,减少他们对这种行为的依赖。同时，给予孩子更多的身体接触和安全感，例如拥抱、抚摸等，帮助他们满足对身体接触的需求，而不是通过不适当的方式。

此外，可以利用故事书或教育玩具，帮助孩子理解身体的不同部位和隐私概念。这种方法可以通过有趣和互动的方式，让孩子更容易接受和理解。

幼儿为什么对屎尿屁感兴趣？

肛欲期主要指幼儿1~2岁的年龄段。这一时期幼儿主要通过粪便的保留和排出获得快感，是孩子自我意识和对身体控制能力发展的关键阶段。在这一阶段，孩子开始对自己的身体功能有更多的好奇和探索，可能对排泄物产生了浓厚的兴趣，比如兴致勃勃地观察自己的大便，和小伙伴比赛谁尿得远，模仿各种屁的声音。

到了幼儿园阶段，很多幼儿不仅喜欢研究屎尿屁，还喜欢不分场合地说与屎尿屁相关的笑话，可以说是"污言秽语"的敏感期。孩子对屎尿屁话题的童言无忌，对于成年人来说可能尴尬紧张，但对于他们自己而言却是好玩幽默的表现。他们把生活中熟悉的屎尿屁当作幽默的载体和社交的万能钥匙，来实现与同伴的社交。

当幼儿出现对屎尿屁的兴趣时，家长不必过于忧心，肛欲期的孩子只是在探索自我身体功能，幼儿期的孩子污言秽语也并不代表恶意和羞耻，只是用语言的力量完成有趣的社交而已。当进入了新的成长阶段，对屎尿屁的热情自然就会逐渐退却。

所以，家长要尊重和理解孩子的好奇心，避免以批评或羞辱的方式来回应孩子的行为，导致他们对自然生理现象产生负面情绪或羞耻感。

可以利用孩子的好奇心，教育他们基本的卫生知识。当他们表现出对屎尿感兴趣时，简单地解释卫生习惯，比如为什么需要洗手，如何处理脏尿布或便便等。这样可以帮助孩子理解卫生的重要性，并养成良好的习惯。

在家庭环境中，可以温和地设定一些界限。例如，当孩子对自己的排便表现出过度兴趣时，可以通过玩具、绘本或其他活动引导他们转移注意力。与此同时，继续鼓励他们使用厕所，并在适当的时候给予表扬。

利用儿童书籍或教育玩具，可以帮助孩子以有趣和适龄的方式了解身体的功能和卫生知识。选一些与屎尿屁相关的绘本进行亲子共读，既能对屎尿屁进行科普，满足孩子探索的欲望，也能释放孩子这个时期对排泄和性相关的心理能量。

孩子喜欢裸露、触摸、把玩生殖器，怎么办？

心理学家弗洛伊德认为孩子进入了性器期（3~6岁）后，会对自己的生殖器格外感兴趣，甚至喜欢抚摸自己的生殖器。

幼儿喜欢裸露、触摸、把玩生殖器，某种程度上就是以各种方式发现自慰的快乐，这是儿童性心理健康发展的过程。在婴幼儿时期，孩子通过抚触、拥抱等触觉刺激获得愉悦，如果偶尔从自己触摸生殖器中感受到愉悦、舒服，就会情不自禁地经常去触摸。有的孩子不喜欢摸自己的生殖器，这也是正常的。

有的家长特别重视这些行为，认为孩子行为不雅，怕孩子学坏，大声呵斥、辱骂孩子。其实，孩子对自己的身体有兴趣，特别是在生殖器方面，是正常的发育现象。在这个年龄段的孩子看来，触摸生殖器，跟触摸鼻子、眼睛、嘴巴等身体的任何其他器官是一样的，没有什么不好的思想在里面，不含性的意味，只是单纯地体验快感。还有的孩子在紧张时把触摸生殖器作为放松的方法。

如何处理孩子触摸生殖器的行为呢？家长不妨通过下面几种方法来淡化这种行为。

保持冷静和尊重。孩子探索自己的身体是自然的，父母应以平静和尊重的态度来处理。避免表现出惊讶或批评的情绪，这样可以防止孩子感到羞愧或困惑。尊重的态度能够帮助孩子自我接纳。

不要对孩子过度强调他摸生殖器的行为。如果过度提起此事将更加强化此行为，更不要当着孩子的面和别的家长议论此种行为的好坏，要保护孩子的隐私。

适龄的性教育知识。使用简单、明确的语言解释生殖器是身体的一部分，每个人都有自己的隐私。可以用儿童书籍或图画书来帮助孩子理解这些概念。

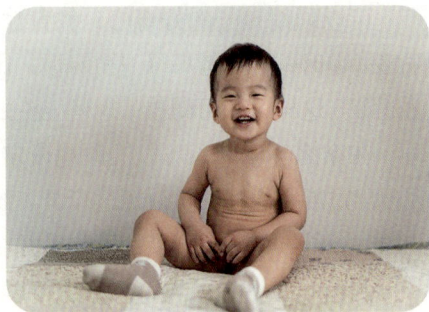

培养孩子养成适当的界限感。教导孩子在公共场合或和别人一起时要尊重隐私。在家庭环境中，可以温和地引导孩子在私密空间进行这样的行为，如卧室或浴室。这样既能尊重孩子的探索，又能维护家庭的隐私和舒适。

多分散孩子注意力。当孩子表现出对生殖器的过度兴趣时，可以尝试分散他们的注意力。引导他们参与其他有趣的活动或游戏，例如玩具、绘画或户外活动，帮助他们转移注意力。

给孩子安排充实丰富的日常活动，能减少孩子无聊时的探索行为，让孩子在日常生活中感到满足和有成就感。

与孩子保持开放的沟通是关键。鼓励孩子在私密的空间内提出关于生殖器的相关问题，要耐心回答，确保孩子感到舒适且理解。

夫妻亲密行为被孩子看见了，怎么办?

夫妻间的亲密行为一般都要做到私密，尽量不被孩子看到，但如果被孩子看到了，该怎么办呢?

首先，要好好控制住情绪，被孩子撞破的一刹那，可能会有尴尬、羞愧、愤怒、自责等各种情绪瞬间涌上心头。但这个时候一定要有意识地控制自己的情绪，而不是无端斥责辱骂孩子，让他赶紧离开。因为，此时此刻孩子也是惊慌失措、发蒙的，他并不知道爸爸妈妈发生了什么。指责孩子，会让孩子更加困惑，甚至产生一些恐惧、羞愧心理。这时最恰当的方法，就是温和地告诉孩子:你先回房间或去客厅玩一会儿吧，爸爸妈妈马上就会去找你，好吗?

等孩子离开后，父母要赶紧穿上衣服，平复心情，想好一会儿如何跟孩子沟通。

见到孩子后，要安抚孩子的情绪，问问他，刚才找爸爸妈妈什么事? 再问一问孩子，他刚才看见了什么? 是否害怕了? 是否有什么困惑? 即使孩子没有表达针对刚才所见的任何问题，你也要稍做解释。

解释那是相爱的大人会做的事情，注意引导孩子讲出他内心由此产生的感受与想法。家长要通过坦诚沟通，了解孩子的困惑，并适当解答。要告诉孩子，夫妻间这样的亲密行为是成年人相爱之后才能做的，孩子间是不能做的。等孩子长大成人之后，找到了自己真正爱的人，也可能会做这样的事情。而且这是相爱的人之间很私密的事情，不能被别人看到，所以爸爸妈妈要关起门。最后，家长要记得告诉孩子，以后进入爸爸妈妈的房间之前要先敲门，经过同意之后才能打开，这是礼貌。

大人要做的就是充分地解答孩子的困惑，让他的好奇心和求知欲得到充分满足，并解释和制定规则。当这件突发的事不再让他担惊受怕、困惑、恐惧时，他就会把自己的注意力转移到其他感兴趣的事情上。

当然，夫妻间这种亲密行为最好不要让孩子碰见，在亲热之前，记得要锁门。跟孩子同屋睡觉的，也要注意孩子是不是装睡。因此要非常谨慎。

孩子总要嫁给爸爸或娶妈妈，怎么回答？

很多孩子 3~4 岁后，会说：我以后要娶妈妈或嫁给爸爸。进入幼儿园，孩子会说：我喜欢我们班的×××，我要跟×××结婚。这个×××有可能是异性，也有可能是同性。有些家长就慌了，自己孩子是不是早熟了？孩子是同性恋吗？怎么这么早就"恋爱"了？要怎么跟孩子解释结婚的意义呢？

其实，家长大可不必惊慌。当孩子表达这些话语时，意味着孩子的情感能力有了进一步的提升，开始与父母、朋友建立更深的联结，只是还无法分辨友谊、亲情、爱情等这些情感的意义。他们知道父母是"结婚"的状态，所以能天天在一起。当他们特别依恋父母时，或有非常要好的朋友时，就会想要和对方结婚。所以，这也是为什么孩子有时也会说要和爸爸或妈妈结婚。

这个阶段的孩子有这种"结婚"意愿表达，实际上只是单纯表达喜欢，最好的朋友、最亲的亲人和性的吸引完全是两个概念，更不关乎性倾向。

家长可以适时帮助孩子健康地理解家庭和婚姻的概念。以温和的方式回应孩子的情感。可以说："爸爸（或妈妈）很爱你，家庭中每个人都有不同的角色。爸爸和妈妈是夫妻，互相照顾和爱护。你是我们的孩子，是不能娶妈妈或嫁爸爸的。我们都很爱你，你也爱我们，这让我们的家庭很幸福。"

对于小朋友之间，则可以引导理解婚姻概念，"婚姻是大人之间的一种特殊关系，你和朋友的关系也很特别，但朋友之间的友情跟结婚是不一样的情感。你可以跟他们做好朋友，这种感情一样可以天长地久"。

孩子不愿意分房睡，怎么办？

关于分房时间，现在最广为流传的说法是"3岁分床，5岁分房"。一旦超过这个年龄没成功，估计很多家长就开始焦虑了。担心过晚分房睡，会让孩子不独立，让孩子性早熟。

其实，孩子的独立，是在更多、更长的亲子时间里慢慢形成的，而非因为分房睡觉，至于影响性早熟更是无稽之谈。性早熟，是一种中枢神经系统的器质性病变，跟分房与否无关。

但也有很多家长非常烦恼，那就是跟孩子分房睡太难了。孩子就是不愿意，要么怕累、要么怕"鬼"，要么半夜再跑回爸爸妈妈的房里。如果强行分房睡，可能会切断孩子跟外界建立起来的安全感，让孩子变得胆小、缺乏安全感。到底要怎么办呢？

当孩子不愿意分房睡时，最主要的可能是孩子还未做好心理的准备，对独立睡觉感到不安，或者对改变感到抵触。家长要做的是，帮助孩子逐步适应分房睡的过程，同时保持他们的情感安全感。

可以"先分床，后分房"。在孩子刚出生时，就跟孩子分床睡。对以后的分房睡非常有效。最好选购带固定护栏的小床，防止孩子从床上摔下来。床上不放枕头、毛绒玩具、被子等，防止婴幼儿窒息或者螨虫感染。

问问孩子不想自己睡的原因。"你为什么不想一个人睡呢？是不是有什么让你感到害怕的事情？"了解他们的不安和恐惧。

从先让孩子在自己的房间里玩耍或读书开始，让他们习惯在这个空间里待一段时间，逐渐增加他们在自己房间的时间。

确保孩子的房间舒适、安全。可以让孩子参与房间的布置，选择他们喜欢的床上用品或装饰品，这样他们会觉得这个新空间是自己的"小天地"，而不是陌生的地方。

与孩子一起建立稳定的就寝程序，比如睡前讲故事、唱歌、做放松活动、

陪伴孩子入睡等，让孩子感到放松并准备入睡。保持作息的一致性可以让孩子感到安全，从而减少他们对分房睡的抗拒。

对孩子的每一个小进步给予积极的鼓励和奖励。当孩子在自己房间里独立睡了一段时间，可以给予他们小礼物或特别的奖励，增强他们的自信心。在孩子入睡后离开，并逐渐减少陪伴的时间，让孩子慢慢习惯独自入睡。

男孩常见生殖器问题，要多留意！

家长一般都很重视婴幼儿的生殖器问题，生怕有什么问题。男孩的生殖器中阴茎只要能正常显露，正常排尿，大小不必过于担心。男孩生殖器出现下列问题，需要带宝宝尽早就医。

阴茎弯曲

指在勃起状态下，阴茎向上、下、左、右等某一个方向弯曲的情况。可能是因为先天发育、尿道下裂或者受到外伤等引起的，不同的原因使用不同的治疗方法。

尿道下裂

指尿道口开在了阴茎的下方，阴茎腹侧或阴囊、会阴等异常部位，是最常见的生殖器畸形之一，一般可以通过肉眼观察到。有尿道下裂症状的男孩阴茎发育较差，常伴有不同程度的阴茎下弯。除尿道开口位置异常外，开口多狭窄，排尿时尿线细。轻者虽能站立排尿，但常溅湿衣裤，射程不远，严重者必须蹲下排尿。

有这两种情况的孩子在小便的时候，很容易将尿液喷洒出来，建议及时带孩子去医院检查，排除异常。尿道下裂手术应于2岁以后开始，尽量在学龄前完成。

隐睾问题

又称睾丸下降不全，就是只有一个小蛋蛋。指睾丸未能按照正常发育过程下降到阴囊底部。隐睾是很常见的疾病，可发生于双侧或单侧，以单侧较多见。隐睾一般无自觉症状，最大的危害是引起不育和恶变。

如果男婴出生后，观察到阴囊内空虚，不能触及睾丸，即可诊断为隐睾。1岁以内，睾丸还有自行降入阴囊的可能性。因此1岁以内的患儿可观察，暂不必行睾丸下降固定术。睾丸发育较差或双侧隐睾病儿，需经过专业治疗，促进睾丸的发育和帮助睾丸下降。部分男孩睾丸可降入阴囊而不必行手术治疗。未能降入阴囊者仍需行睾丸下降固定术。

包皮炎问题

包皮炎是常见生殖器局部炎症，多见于3~4岁男童，表现为"小鸡鸡"红肿异常。具体为包皮口局部红肿，稍增厚，触痛，可有排尿痛。部分局部可见脓性分泌物，炎症较重者整个阴茎包皮可出现红肿触痛。

一般炎症较轻者，可行局部清洗。因包皮不能外翻，可嘱小儿多饮水，利用尿液冲洗炎症物质，2~3天可恢复。局部红肿较明显者，需专业治疗。反复发作包皮炎，局部已形成瘢痕者，可能还要做包皮环切术。

睾丸扭转

睾丸扭转可发生在任何年龄，但以新生儿期和青春期常见。左侧发病率较右侧高两倍，双侧少见。由于扭转，影响血供可致睾丸缺血坏死。最主要症状就是睾丸红肿疼痛，起病缓但逐渐加重，少数男孩疼痛起自下腹部而不是睾丸。阴囊逐渐肿胀、发红，并有恶心和呕吐。

男孩常见包皮小手术，你知道吗?

很多家有男孩的父母都要纠结割不割包皮。一般来说，包皮能够对阴茎头起到一定的覆盖保护作用。

包皮，也称阴茎包皮，是阴茎颈前方皮肤形成的双层游离的环形皱襞，包绕着阴茎头。刚出生的婴幼儿，包皮与阴茎头都是生理性粘连在一起的。随着年龄的增长，阴茎也会生长发育，包皮逐渐后退，包皮口会慢慢变大，3~5岁时，包皮会逐步与阴茎自然分离，直至暴露整个阴茎头。

当孩子的包皮出现下列问题时，要着重留意，就医检查是否选择包皮环切术。

包茎

若包皮口过小，包皮完全包裹着阴茎头，称为包茎。这种情况下，包皮外口太小，或者包皮与阴茎粘连在一起，即使用手也无法将包皮外翻，导致阴茎头始终无法完整地暴露在包皮外面。5岁之后，若孩子的阴茎还完全处于包茎状态，建议及时就医检查。因为包茎可能会限制阴茎的发育，而且冠状沟部位不能清洗，容易引发阴茎头包皮炎、阴茎头炎和尿路感染等常见疾病。

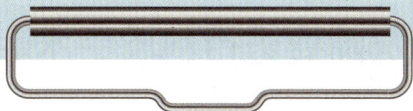

包皮过长

　　若包皮后退，但不能暴露整个阴茎头，就称为包皮过长。无论阴茎是在疲软还是勃起的状态下，阴茎头都完全被包皮覆盖而无法外露，但可以用手翻开包皮，并且自由将其上翻至冠状沟的部位。

　　包茎或者包皮过长对孩子的健康有一定的不良影响：容易使得冠状沟处藏污纳垢，导致包皮龟头炎，出现包皮疼痛、红肿、发痒等不适；引起尿道感染、阴茎蜂窝组织炎，反复发作还容易导致尿道外口狭窄，甚至引起癌变；可能导致儿童遗尿。

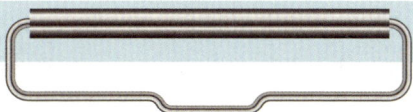

包皮环切术

　　指将阴茎头部多余包皮进行切除，使阴茎头部外露出来的一种手术，是治疗包茎、包皮过长的一种小手术。手术过程也很短，为5~30分钟，手术的风险性相对较小。

　　包皮环切术方法甚多，包括传统包皮环切术、包皮环套扎术和一次性包皮吻合器包皮切割术。一次性包皮吻合器包皮切割术一般只需5~10分钟，可同时完成切割和吻合。

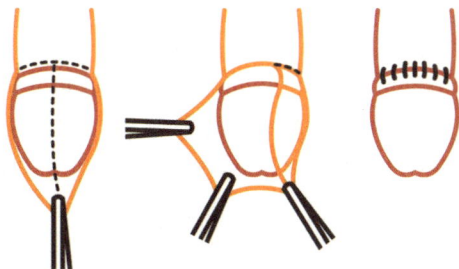

哪些情况需要进行包皮手术呢?

包皮口过于狭小,出现瘢痕;

排尿时包皮膨胀,排尿困难;

私处发红、酸痛、肿胀;

包皮口反复发炎;

5岁后仍无法上翻包皮,露出困难。

一旦出现了这几种危害孩子生殖健康的情况,家长要及时带孩子就医检查。

男孩的私处如何清洗?

出生后的男婴,可按下列步骤清洗:

1.宝宝大便后用柔软的小毛巾用温水沾湿,擦干净肛门周围的脏东西。

2.用手把宝宝阴茎扶直,轻轻擦拭根部和里面容易藏污纳垢的地方,但不要太用力。可以把小毛巾叠成小方块,然后用折叠的边缘横着擦拭。

3.阴囊表面的皱褶里很容易聚集污垢,妈妈可以用手指将皱褶展开后擦拭,等阴茎完全晾干后再换上干净、透气的尿布。

4.帮男婴儿穿戴纸尿裤的时候,注意把阴茎向下压,使之伏贴在阴囊上。可以避免宝宝尿尿的时候冲上尿,弄湿衣服。帮助宝宝的阴茎保持自然下垂的状态,避免将来影响穿衣的美观。

到了3~5岁时,阴茎和包皮就会慢慢分开。父母就可以教会孩子自己清洁阴茎了。在洗澡的时候,轻轻沿着阴茎将包皮推开,不要强行用力,阴茎头逐渐暴露即可,不必追求一次推开,然后用花洒喷出的水浇到包皮的内侧、阴囊皮肤和阴茎的下方,轻轻冲洗。最后用柔软的毛巾擦干水,让包皮自然回弹包裹住阴茎头就可以了。

男孩生殖器清洗的时候用温水,不要使用任何私处洗护用品,避免过度清洁造成刺激。如果孩子经常出现小便时哭闹、尿急等状况,要注意观察包皮内有没有小"异物"或者阴茎红肿等情况。不要用力强行翻宝宝的包皮,如果孩子存在包皮过紧或者生理性包茎的情况,应及时就医。

女孩常见生殖器问题，不可大意！

男孩的生殖器问题一般能在幼童时期及时发现，但是女性生殖器，由于发育畸形或异常大多藏于内，不好观察到，即使出现异常，在青春期前也很难引起任何症状。虽然内生殖器无法肉眼观察到，但父母平时还是要多留意孩子的外生殖器疾患，以免造成孩子终生的痛苦。

小阴唇粘连

幼女的小阴唇常呈闭合状态，有保护阴道和内生殖器的作用。

小阴唇粘连，指两侧小阴唇全部或部分粘连在一起，中间形成一条半透明带，遮盖尿道口及阴道口。阴唇粘连常见于出生后 3 个月~6 岁，大多数粘连可以自行恢复，不需要治疗。若影响排尿或反复出现感染，需要就医治疗。

轻、中度者在两侧小阴唇正中线处可见半透明的膜状粘连带，重度者因粘连致密不可见膜状粘连带。当女孩的小阴唇粘连出现以下表现时，需及时就医。

排尿异常：包括尿液变细、尿流分岔、排尿困难、滴尿等。

外阴症状：外阴瘙痒、充血、红肿或分泌物增加，偶伴有肛周红肿。

异常表现：常哭闹，有搔抓外阴、两腿摩擦动作。

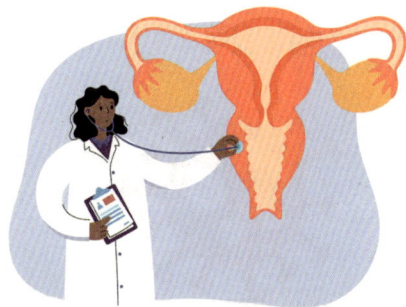

阴道炎

外阴阴道炎，也是女孩婴幼儿非常常见的疾患，因婴幼儿自诉能力差及家长忽视等因素，常易延误治疗。

因为婴幼儿阶段外阴发育差，不能遮盖尿道口及阴道前庭，细菌容易侵入，雌激素水平低，阴道上皮薄，糖原少，pH 值偏高，乳酸杆菌少，易受感染。

通过浴巾、浴具、坐式便桶等方式均可引起滴虫、霉菌以及淋球菌感染。主要表现为阴道分泌物增多，严重时分泌物呈脓性，偶有血色，常觉外阴及阴道瘙痒。女孩发生阴道炎后应及时查明病因、及时治疗，否则可导致宫内感染、不孕症等。

外阴感染

女宝宝的生理构造和男宝宝不同。如果大小便后清洗不及时，尿液和粪便中的细菌就会对周围皮肤产生刺激，轻度感染会表现为局部红肿。只要做好私处清洁是可以慢慢自愈的。但如果出现分泌物颜色偏黄绿，还散发出臭臭的味道就要考虑是外阴感染，最好带孩子就医检查一下。

泌尿系统感染

小婴儿莫名发热，大一点儿的宝宝在小便时总喊疼，这很有可能是泌尿系统感染了，也要及时带孩子就医。

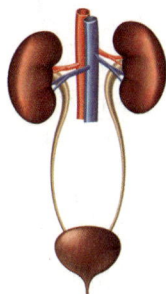

处女膜闭锁

胚胎期处女膜褶如果过度发育，出生后可能没有处女膜孔，这种先天性畸形即称"处女膜闭锁"。当女孩来月经后，经血不能排出，造成经血潴留。这种情况，应于十岁前做处女膜切开术，剪去多余的处女膜。

先天性无阴道

俗称"石女"。这种畸形年幼时不易察觉，大多在婚后不能性交时发现。其卵巢和子宫发育正常而经血不能排出，经血潴留在子宫腔内可引起子宫增大和腹痛，这是早期诊断的依据。先天性无阴道女孩可在月经初潮前做阴道扩张术或阴道再造术。

女孩的私处如何清洗？

因为生殖器官的构造不同，女孩子的私处护理和男孩子稍有不同。如果说男孩子的护理重点在于翻洗包皮，那女孩子的护理重点在清洗顺序。通常来说，在对女宝宝外阴进行护理时，重点是按照从前往后的顺序。

最好每天用温水清洗，清洗时将大小阴唇分开，先清洗尿道口和外阴部，然后是屁股，别忘了把大腿根部也清洗一下。

不要使用任何洗护用品。

洗完之后用干净柔软的纸轻轻擦拭外阴部。

女宝宝阴道内部，具有一定的自洁能力，不需要深入清洁。

保持外阴清洁，不要穿开裆裤。

便后需自前向后擦拭，也就是从阴道口向肛门方向擦拭，不要前后来回擦，更不要一张纸反复用。婴儿最好在每次大便后，都用温水清洗私处，冲洗时也要从前向后淋水。

合理选择纸尿裤或尿布，及时更换纸尿裤或尿布。

穿着棉质内裤，避免使用含香精及防腐剂的湿纸巾、洗液、乳膏等刺激外阴，可选择温和的具有保湿护肤作用的乳膏。

爸爸和女儿、妈妈和儿子可以一起洗澡吗？

每当谈到亲子共浴时，许多家长会产生很多困扰，比如亲子共浴的年龄界限是多少呢？

很多爸爸或妈妈会单独和孩子一起洗澡，那样既能够照看孩子，也可以节约时间。实际上，孩子和爸爸或妈妈一起洗澡有益处也有缺点。一般建议孩子3岁后就不要和异性父母一起洗澡了。

孩子3岁以前，并没有显著的性别意识，一起洗澡可以让孩子清除男女之间的新鲜感，了解男女的差别，是有一定益处的。到了幼儿园自然也不会感到好奇。

3岁以后，孩子慢慢拥有性别意识了，异性父母再过多暴露便是不适合的。

男孩可以跟父亲一起洗，女孩可以跟母亲一起洗。到孩子成长到五六岁的时候，就可以自己洗澡了。

小女孩被小男孩掀裙子、亲亲了，怎么办?

6岁前孩子间的亲亲抱抱是正常的吗? 需要界限吗? 面对孩子间的亲密行为，我们到底该如何引导呢?

其实，3岁前的孩子拥抱亲吻小伙伴是正常的行为之一，和性早熟没有任何关系，这只是他与人交往的一种方式。这个时候还不能区分亲昵行为和一般行为。家长可以适当加以引导，比如：喜欢一个人，不要用亲吻、搂抱的行为去表达，可以用握握手、挥挥手、击掌、拍拍肩膀等友好型动作表示，这样才不会引起别人的反感。

3岁左右的孩子有了一些性别意识，知道爸爸是男的，妈妈是女的，哪个小伙伴是男的，哪个小伙伴是女的。到了4岁时，孩子会像观察小动物一样，观察生殖器官等部位。 这时候，如果男孩子还有掀裙子、搂抱、亲吻行为，家长就要温和地制止，要意识到这是一个教育孩子的好时机，放任不管是绝对不行的。及时告诉孩子与异性接触的行为界限在哪里，培养健康的羞耻感。对于女孩子也要实行同样的教育方式，面对要亲自己的男孩时，要学会拒绝。

家长可以这样教育孩子：你很喜欢你的同伴，但同学、同伴之间表达喜欢可以用握手、击掌的方式，亲吻、拥抱是很亲密的人，比如爸爸妈妈孩子之间的表达爱的方式。即便是亲近的人，也要征询对方的同意后才可以，每个人都要尊重自己和别人的身体。

如果孩子在幼儿园经常遇到这样的事情，经过反复沟通后，仍然无果，那么这时候就需要家长站出来保护自己的孩子。有必要让园长、老师、其他家长介入配合，保证自己的孩子不再受到干扰。

孩子关于性的疑问，可以随时随地问吗?

回答孩子关于性的问题是许多父母觉得很尴尬的事情，更别说孩子不分场合地到处问关于性的问题了。

有的家长对小孩子进行过性启蒙教育后，可能面临着幼儿对性知识的到处宣扬。比如：有的孩子知道了阴茎，会到处说，我有阴茎，我爸爸的大，我的小，我妈妈没有……小女孩可能会说，我也有乳房，我以后会长很大的，你的长不大……

诸如此类的尴尬性问题，在家里说说也就罢了，如果在公共场合喧嚷，那家长也很难镇定了。这种情况下，怎么引导孩子呢?

如果强制孩子不在外面说，对于儿童而言也不现实。最好的做法是，在对孩子进行性启蒙时就要定下规则：哪些事情、哪些话可以在家里说，但不能在外面说，哪些地方属于公共场合。在公共场合说一些不合宜的话，会让别人觉得不舒服、不礼貌。刚开始，孩子可能很难一下子做到，家长要有耐心，不要急躁，多次教育后孩子也会逐渐遵守这些规则。

如何应对小孩子的"恋物行为"?

有些孩子很喜欢自己的贴身物品，不管是白天还是晚上，无论在家里还是出去，都要时刻带在身边，到了形影不离、难舍难分的地步。如果把这种物品拿走，孩子会又哭又闹，焦躁不安，甚至连洗都不让洗，这些现象说明孩子出现了"恋物行为"。

什么是恋物行为?

儿童的恋物行为，主要指儿童对某种特定物品的依恋，这些物品通常能给予儿童安全感和慰藉。常见的依恋物品包括毯子、毛巾、毛绒玩具等。这种行为在 6 个月至 3 岁的幼儿中比较常见。

为什么会出现恋物行为?

大多数幼儿之所以会出现恋物行为，是因为在这个阶段，孩子正在从"完全依恋"的状态走向"完全独立"的状态。如果孩子出现情感连接的缺失和安全感不足，会通过依恋某种物品来寻求情感安慰。这些赋予了感情的物品被视为儿童理解和处理情感的方式。通过物品，小孩能够建立一种稳定性和连续性，这对他们的心理健康至关重要。

对妈妈的依恋

很多妈妈为了让宝宝顺利度过吮吸期、断奶期，会采用让宝宝使用安抚奶嘴的方法。当不得不离开妈妈的乳房时，为了满足自己对妈妈的依恋，很多宝宝就会特别依恋安抚奶嘴等物品，以至于很长时间难以戒除。

对新环境的恐惧

突然将孩子放在一个陌生的环境中，或频繁地更换抚养人，孩子就会产生强烈的不安全感，非常依恋于原本熟悉的物品，以此来克服心理的恐惧与焦虑。

情感得不到满足

如果孩子经常面临与家人分离、家庭关系不和谐、父母争吵不断等情况，这种缺乏爱和温馨的家庭环境让孩子严重缺乏安全感，从而产生焦虑、紧张，亲子情感需求无法得到满足。为了获得安全感，孩子开始依恋一些有安全感的物品，获得心理安慰。同时，小时候缺少玩伴，常陷入孤独感的小孩，也会对某些物品产生依恋。在某些情况下，如果父母过度保护或过度关注孩子的物质需求，忽略了精神需求，也会导致孩子对特定物品产生过强的依赖感。

恋物时间多长？

孩子恋物持续的时间并不相同。一般情况下，随着年龄的增长，大多数孩子会逐渐减少对依恋物的依赖。有些孩子的恋物时间很短，有些孩子的恋物行为则会持续到他们上小学，甚至长大以后。

是恋物癖吗？

幼儿的恋物不等同于恋物癖，这两者并不是同一种概念。这是孩子成长过渡期的一种普通依恋行为，并不会对孩子造成什么消极影响。

而恋物癖、恋物症则是一种心理疾病，是一种性变态。通常指反复出现以某种非生命性物品或人体躯体某部分作为性满足的刺激物，受强烈的性欲望与性兴奋的联想所驱使，通过抚摸、闻嗅这类物品取得性满足。这些患者多为成年人，也有从青春期开始的。

幼儿期普通的恋物情结，只要情绪行为等方面发育正常，家长就勿过度担心，不需要刻意纠正。如果是对物品依恋过于严重的孩子，不让洗、时时刻刻都要带在身边，家长可以进行适当的引导和干预。

家长应该怎样做？

要帮助孩子克服恋物情结，首先需要理解和尊重他们的情感需求。理解孩子对物品的依赖背后可能的情感需求。物品对孩子来说不仅仅是物质上的东西，可能承载着安全感和情感依托。父母或照顾者，应该接纳这一点，而不是强行改变或否定孩子的依赖感。这种理解可以帮助建立信任，为后续的干预奠定基础。

通过建立稳定和安全的环境，父母可以减少孩子对特定物品的过度依赖。多给予孩子情感支持，如更多的亲子互动和鼓励，使孩子感受到家庭的安全感和关爱。在日常生活中，多花时间陪伴孩子，参与他们的活动，给予积极的关注和鼓励，从而增强他们的自信心和安全感。

逐步减少对特定物品的依赖。比如每天减少使用的时间或逐步引入其他替代品。逐步过渡能够帮助孩子适应没有该物品的生活，而不会感到过于突兀或焦虑。

创造新的依赖对象。可以通过引入其他积极的依赖对象，如一个特别的家庭传统或一项家庭活动，来替代对物品的依赖。例如，创建家庭游戏时间或新的习惯可以帮助孩子找到新的安全感源。

孩子对家长过度依赖，也是出现恋物情结的根本原因，所以家长在平时要锻炼孩子的自理能力，让孩子可以独立完成一些事情，即使家长不在孩子的身边，孩子也不会感到恐慌、害怕，慢慢就可以改掉恋物情结了。

💡 孩子为什么喜欢玩家长的化妆品、衣服、鞋?

3~6岁的阶段，孩子会经历一个审美的敏感期。孩子喜欢家长的化妆品、衣服、鞋，可能是觉得爸爸妈妈的东西看上去很美，他们也要美。所以孩子臭美也是心理发育的正常现象，是孩子自我意识形成的一种表现。

这个时期的孩子对一切美好的事物都表现出浓厚的兴趣，不仅关注自己的形象，也关注身边人的形象。这是他们尝试和认识美的阶段，不仅女孩子，男孩子也会特别喜欢尝试和体验不同的事物，比如化妆品。

如果女孩喜欢化妆品，家长可能还觉得无所谓，面对男孩子，却隐隐有些担忧，怕对孩子以后有消极的影响。但幼儿期的男孩同样对美有追求，对化妆品有好奇，他们只是想探索、想模仿，想尝试体验这些成年人每天在用的东西是什么，并不会造成性倾向的异常。

家长如果实在不放心，可以加以正确的引导和教育，设置"爱的界限"，比如这是妈妈的东西，不得到妈妈的允许，不能碰；小孩子不能频繁使用化妆品，会皮肤过敏、长痘痘；男孩子长大了不能过度化妆，可以在表演时化妆……

家长适当的引导可以帮助他们顺利度过这个阶段，从而培养和发展他们的审美能力。在这样的沟通中，要清楚表明界限，而不是评判孩子的行为。

如何应对孩子那些令人尴尬的问题?

很多家长在照顾幼儿的过程中,会遇到一些令人尴尬的提问,比如:

"妈妈你的下面怎么长了那么多'头发'?"

"爸爸 / 妈妈,我可以和你生小宝吗?"

"为什么不是爸爸生的我?"

"妈妈,你有阴道?"

"爸爸,避孕套是什么?"

"妈妈,什么叫性?"

"妈妈,你胸部为什么那么大?爸爸的胸部为什么那么小?"

…………

随着年龄的增长,孩子对身体的构造会越来越好奇,尤其是跟自己不一样的部位。当接受性启蒙教育的时候,孩子会提出越来越多和性密切相关的问题,有些父母感到尴尬又不知如何跟孩子进一步解释,很是烦恼。

当孩子问到这些敏感、尴尬的性问题时,家长不要揣着明白装糊涂,假装听不懂孩子问的问题,也不要责怪孩子,认为小孩子整天脑子里面都在想些什么乱七八糟的东西。家长要做到的就是不回避,可以巧妙地处理,并正确回应孩子。

孩子的提问,实际上都是出于好奇和求知。当他在电视上、路边、电梯看到广告的时候,听到别人说的时候,或者看到不一样特征的时候,心里有疑问,才会这么毫无顾忌地问家长。家长要先问问孩子,为什么要问这个问题?想知道什么?当家长不知道该如何回答的时候,不妨借助一些动画片、绘本、情景来进行简单、科学的解释。

如何向孩子解释动物间的性行为?

当家长陪着孩子看动物纪录片时,画面中总是会出现动物交配的镜头。

当孩子问"这些动物在干什么?""小猫咪晚上为什么会叫个不停?""为什么黑猩猩的屁股那么红?"时,家长该如何解释这些动物间的性行为呢?家长只需做到有问必答就行了，孩子问什么，你就答什么。

当孩子问："那两只狗狗在打架吗？为什么这样打架？"家长可以回答："它们不是在打架，是在互相表达爱意，这是雌雄两只狗交配的行为，因为它们想要生只小狗狗。"孩子如果不继续问，那家长也不需要继续解释了。如果有孩子问"什么是交配？"那家长继续简单解释"交配"的意义即可，"当两只狗长大了，成为成年狗，到了可以生宝宝的年龄，需要通过交配，才可以获得小宝宝"。

当孩子问："妈妈，小猫咪为什么要在晚上叫个不停？"家长可以告诉孩子："猫咪长大了，有发情期，想要生小宝宝了，通过叫声来告诉同伴，引起同伴的注意，这是动物间亲密行为的秘密信号。"

当孩子问："黑猩猩的屁股为什么都是红的？"家长可以告诉他："黑猩猩的屁股红，不是因为受伤了，而是因为这只母黑猩猩想要生只小黑猩猩，她的屁股发红是在告诉公黑猩猩，想要生小黑猩猩了，这也是动物间亲密行为的秘密信号。"

当孩子对这些动物间的性行为有了初步的了解后，再看纪录片里动物各种交配活动，自然就不觉得惊奇了，也不会再有所好奇，因为他心里已经有了认知。

第四章
7~12 岁性教育，
为青春期做好准备

　　你知道没有经过性教育的孩子在性知识方面有多无知吗？月经、乳房、阴茎、勃起、遗精、怀孕……这些关乎孩子身体的生理发育知识，都将在 7~12 岁陆续来临。青春期性教育对孩子的身心健康成长至关重要。

第二性征出现，孩子可能会惊慌、害羞！

青春期是指从儿童到成年的过渡时期，这时期的孩子因为受激素水平的影响，会出现第二性征和性器官的发育。

青春期是人类生长发育的第二个高峰期。女孩的青春期一般从 10~12 岁开始，大多会持续到 17~18 周岁，个体差异比较大，不能一概而论。青春期的女孩受到雌激素水平的影响，乳房先发育，接着会出现阴毛、外生殖器改变、月经初潮、长腋毛，整个过程可能需要 1~5 年的时间。

男孩的青春期普遍会比女孩子发育得晚 1~2 年，一般从 10~14 岁开始，大多会持续到 18~20 周岁。青春期的男孩会出现阴茎增长、胡子变粗、喉结发育、声音变粗、阴囊增长、阴毛发育、遗精等。

女性第二性征的主要标志	男性第二性征的主要标志
体格较男性矮小，而显得苗条；皮下脂肪多，而显得丰满；皮肤细嫩，汗毛细小；骨盆宽大，臀部大；乳腺发达，乳房变大；月经初潮；喉结不突出，嗓音细润如水；不长胡须等。	体格高大，一般比女子个子高；肌肉发达，肩宽体壮；喉结突出，声音雄壮；体表常有多而浓密的汗毛，长胡须；乳房不发育等。

正因为个体的差异性，每个人的青春期发育或早或晚，突然面临"第二性征"的发育变化，很多人都经历过困惑、不安，甚至焦虑和羞耻感。这时候，家长就要留意观察孩子的青春期变化，将相关的知识告诉孩子，安抚他的情绪，适时地做好开导和帮助。

如果家长不重视第二性征的教育，不给孩子讲解正确的性发育生理知识，只会让孩子更加好奇，甚至花费更多时间去比较自己和他人的身体。当孩子看到跟自己的身体发育不同步的同龄人，他们会本能地感到羞耻。

如果孩子青春期发育得比大部分孩子都早，可能还会面对来自同伴的压力，父母要随时关注孩子的心理和情绪状态。最好从八九岁就开始为孩子的第二性征性教育做准备。

如果之前没有给孩子讲过相关知识，那么现在就抓紧提上日程吧，可以"见缝插针"地给孩子讲。比如看电视时，剧中男女人物明显的第二性征，乳房、月经、阴毛、阴茎、阴囊、遗精、胡须、腋毛、体毛、变声……这些专业的性发育词语千万不要避讳，跟孩子简单、科学、明白地解释。不要单纯寄希望于学校，或认为孩子长大自然就懂了，只有让孩子提前明白这些男女生理变化的正常情况，他才可以真正做到不惊慌失措，不感到羞耻。

孩子开始喜欢说含性的粗话，怎么办？

很多父母都有这样的体验，小时候乖巧可爱的孩子，到了小学常常冷不丁地冒出几句脏话或狠话。不仅男孩子天天挂在口头，甚至一些女孩子也是如此。孩子这些脱口而出的脏话、狠话，很多还都是含性意味的粗话，不免令父母为之震惊。

孩子之所以进入小学后，尤其8岁后爱说脏话、粗话，最大的原因是受环境的影响。

孩子的语言发展是一个自然吸收的过程，他们是通过不断模仿学习获得的。以前孩子小，也比较听话，家里环境好，幼儿园老师白天一直盯着管教，脏话粗话流行不起来。

孩子到了小学面对的是不一样的环境了，老师不再像幼儿园老师那样事无巨细地盯着，会有很多同学、朋友，还可能经常刷网络小视频，接触到的信息越来越多。孩子们的语言模仿环境，不仅有家庭、学校，还有各种社交平台、网络游戏等。这些孩子经过一些小团体或者同伴潜移默化的语言影响，私下都开始讲粗话。他们现在的年龄并不觉得这些粗话有多不堪，反而更多的是搞笑、耍酷、发泄情绪。

当孩子进入到有意识的语言模仿阶段，他们会更容易受到周围人的影响，同伴间的语言模仿，让孩子有时当"脏话"是一种普遍的、日常化的语言，甚至将说"脏话""狠话"当作是一件很酷的事。

这个阶段的孩子就属于有意识地学习过程，他是主动接受的，有一定的自我意识。如果家长单纯地制止他，他并不会当回事。家长该如何回应孩子说脏话或有意挑衅的行为呢？

孩子间的脏话大多无关道德，父母并不需要有过激的反应。最好是耐心引导，不要采取打骂的方式责怪孩子，认真地跟孩子解释。告诉孩子一些含性暗示的粗话和行为背后隐藏的意图是什么，这些粗话和行为让别人听到或看到会给人带来怎样的心理感受和伤害。可以换一种方式好好说话。

对于一些不会表达情绪的孩子，教会孩子用合适的语言表达自己内心的诉求，学会管理情绪，丰富他们的情绪表达词汇。能表达，才能沟通，更能想办法。告诉孩子，"脏话""狠话"并不是一种好的沟通方式，极端的表达方式不能让别人清晰了解自己真实的想法，反而会伤害到别人，进而引起别人的不快，自己的诉求也得不到很好的回应。

孩子"娘娘腔""假小子""同性恋"，家长应如何面对？

很多家长真正面对孩子性别教养的问题，大多从小学才开始。婴幼儿时期，男孩、女孩并没有多大的差别，有的活泼、有的乖巧，但我们并不会给孩子贴上什么"娘娘腔""假小子"的标签。

随着孩子年龄的增长，尤其到了青春期，男女之别越来越明显。传统意义上，社会所希望的男孩都要像男子汉一样，拥有"坚毅""果敢"的品质，女孩则应该像淑女一样，要做到"温柔""娴静"。现代社会中，家长们虽然并不会这么要求孩子，越来越多的孩子也拥有更多的个性化装扮，但性别角色的刻板印象仍然影响着我们的社会行为。

性别角色的刻板印象，指人们对男性或女性角色特征的固有印象，认为"男性应该怎样""女性应该怎样""男人要有男人样，女人要有女人味"。而现实中男孩"娘娘腔"、女孩"假小子"，尤其男孩子偏女性化的标签依然会被戴上有色眼镜审视，可能遭到同学的排挤、嘲笑、霸凌。

男孩之所以会偏女性化，除了基因个性外，很大可能跟他的生活环境有关，比如父亲等男性角色的长期缺失、偏女性化的生活学习环境。

很多家庭考虑到社会竞争的压力，教育方式也有所改变，会要求女孩子能够自立，不再依附男人等，向着男性化的方向去培养她们。还有些女孩之所以追求中性化，大多数时候是为了追求流行美。

还有的家长可能要面对自己孩子未来是同性恋的事实。对于一般父母而言，这是一个更大的心理挑战。但是一个人的性取向可能受遗传、产前激素、神经发育、个人心理、生活环境、社会变化和文化等因素的影响，这不是人可以主动选择的事情。

即使孩子早期有一些同性恋倾向的行为表现，家长也不要太早对孩子的性取向下判断。同性恋往往指一个人对同性的人基于性爱、浪漫和情爱的吸引。同性取向的判断，需要包括恋爱的对象、性行为的对象、性幻想的对象以及自我认同都是同性者。孩子间简单地喜欢某一个同性者并不代表就一定是同性恋。

针对以上关于性别意识的问题，家长都无须过多担心，最好采取积极的态度来应对，帮助孩子建立自信，并促进其健康成长。

男孩和女孩的兴趣、性格和行为不应受到社会传统性别角色的限制，家长应鼓励孩子根据自己的兴趣和特长发展，而不是根据社会的期望来调整自己的行为。如果家长本身是性别角色的刻板遵从者，要及时意识到这种观念的局限性：认为什么事情是女孩不能做的，什么事情是男孩不能做的，这样反而会限制孩子的发展。

家长可以与孩子开诚布公地沟通。了解孩子对这些标签的感受，尊重他们的感受，并给予支持。与孩子探讨性别角色的多样性和个人的独特性，让他们明白不论他们的兴趣和性格如何，都是正常的。通过这样的沟通，家长可以帮助孩子建立自我认同和自信。今天的社会更加宽容和多元化，个性鲜明且健康的孩子在学习和生活环境中可以勇敢探索自己的性取向，从而完成自我认同。

家庭环境的言行传教对孩子有着重要影响。如果家长对性别角色持开放态度，孩子也更容易接受和理解性别多样性。家长应展示尊重和包容的态度，避免使用贬低性的语言，并鼓励孩子追求自己的兴趣和梦想，而不是受限于传统观念。

如果家长心里一时很难接受孩子性取向的问题，可以多看一些相关的心理研究来共情孩子，也可以找从事性别研究的专业人士寻求帮助。

如果孩子在学校或社会环境中遭遇了不公平对待，或者性别霸凌，家长要积极寻求各种途径来帮助应对这些挑战，告诉孩子在大众审美日趋多元化的今天，每个人都可以有更多的社会空间发展自我。帮助孩子告别自卑，从而快乐健康地成长。

💡 如何应对青春期孩子奇装异服的审美?

逐渐进入青春期的孩子在这个阶段会表现出更多的独立思考能力，追求个性和追求自我表达的愿望。喜欢穿奇装异服是青春期孩子常见的行为之一，他们希望通过打扮来展现自己的个性和审美观。有的女孩偏爱性感风，有的女孩偏爱萝莉风，有的男孩喜欢酷潮风，有的男孩喜欢极简风。

对于即将进入青春期或者已经进入青春期的男孩、女孩来说，良好的身体外貌、不错的身材自信都是非常重要的。在身体已经发生巨大变化的年纪，对穿着打扮的重视是每个孩子渴求美的心理表现，而这也是孩子在外貌方面唯一可以掌控的。

现代社会中充斥着各种潮流文化和时尚趋势，电视、网络等媒体的广泛普及为孩子们提供了更多的视觉和听觉享受，也给他们的价值观和审美观带来了冲击。这个年纪的孩子开始追星，各种潮流文化成为青少年追逐的对象。通过穿戴奇特的服饰和配饰来展示自己与众不同的个性和审美，追求独特的时尚风格。

对于家长来说，如何正确引导孩子穿衣打扮，也成为一个不小的挑战。有的家长甚至会感到崩

溃，因为孩子再也不听自己的意见了，以前买什么衣服大部分是家长主导，现在可能家长买什么他都不爱穿，非要自己瞎买，跟自己的父母对着干。父母感觉对孩子多年的审美培养全部付诸东流了。在孩子看来，他渴望获得同龄人的赞美和认可，脱离普通、平庸的形象，彰显自己的独立性。

家长要做的就是不过度管教，肯定和接纳孩子对外貌美和独特个性的向往与追求。

如果发现孩子在穿衣打扮方面展现出不可理喻的行为时，比如过度暴露、过度奇装异服，先不要盲目强制干涉。可以心平气和地跟孩子沟通一下他的想法：为什么喜欢这样穿？喜欢自己看起来很性感吗？他认为的性感是什么样子？这样穿是自信的吗？知道着装对一个人的社交意义和形象传递的重要性吗？家长了解了孩子的想法，再进行适当的引导，告诉孩子什么样的场合适合穿什么样的衣服。

💡 如何引导孩子应对身体变化与身材焦虑？

当孩子们进入青春期后，不仅会出现第二性征的发育，还会引发身体体形的变化。屁股太大了、胸太大了、胸太平了、太矮了、太胖了、不够强壮……这些都很容易引起青春期孩子的身材焦虑，觉得自己不够美。

青少年肥胖问题已经非常普遍，很多孩子营养过剩，再加上运动量不足，就很容易发生肥胖问题。有的孩子长大后热衷减肥，甚至偷偷节食、吃减肥药，这样会给身体带来非常不好的影响。

青少年学生正处于身体发育的关键时期，因为节食减肥，导致身体摄入能量不足，轻者发生心率改变，严重者可危及心脏，引发猝死。过度减肥会使身体缺乏必需的脂肪，脂肪细胞能促进雌激素分泌，脂肪不足会导致女孩月经紊乱，甚至停止。男孩最好也不要在青春期过度减肥，会使精子数量减少，影响骨骼发育。

肥胖症对身体有着严重的影响，减肥不是不可以，但要科学，而不是用不健康的方式。家长要注意观察孩子的日常表现，并给予正确、科学的减肥帮助。

青少年的健康减肥方式

合理饮食、适量运动、充足睡眠。一日三餐要保证营养全面均衡，荤素粗细搭配，蔬菜水果齐全，各种矿物质、微量元素、维生素和纤维素都不能少，可以适当减少热量的摄入。在家长监督下加大慢跑、爬山、快走、球类、游泳、骑自行车、跳绳等有氧类运动，每天可进行 1~2 小时的中、高强度身体活动，量力而为，科学燃烧脂肪，提高人体新陈代谢。

现在父母和孩子对身高非常重视，但也不必过度焦虑。身高在相应年龄段的正常范围，保持每年正常的增长速度即可。家长可平时定期对孩子进行生长监测，能直观且及时发现孩子身高增长的异常。

科学的增高方式

充足睡眠、早睡早起、控糖饮食、足够的营养摄入、运动。生长激素缺乏、特别矮小的孩子可以寻求专业医生的诊断和帮助。

科学运动可以帮助孩子长高，如跳绳、跳高、跳远、跳皮筋、游泳、篮球、排球、羽毛球、引体向上、伸展体操等跳跃、伸展性的运动。这些跳跃和伸展性运动能够牵拉肌肉和韧带，刺激软骨细胞的分化和生长激素的分泌，有助于下肢骨的发育和脊柱的伸长，从而帮助长高。家长可根据孩子的年龄、发育水平、运动能力和兴趣，选择适合孩子的运动项目，循序渐进、坚持不懈地进行科学运动。运动尽量选择户外，让孩子多晒太阳，不仅可获取维生素 D，还可以预防近视。如果户外运动很少，那建议遵医嘱补充维生素 D。

有助于孩子长高的另一个重点就是足够的生长激素的分泌。大多数人的生长激素在夜间 11 时到凌晨 3 时是分泌高峰，只有在深睡眠的状态下生长激素才能更好地促进生长。家长一定要帮孩子养成早睡觉、睡好觉的习惯，让生长激素更好地"工作"。

营养均衡、多样。蛋白质对于儿童的生长发育尤为重要，如牛奶、鸡蛋、鱼类和豆制品等，可提供必需的氨基酸，还有助于骨骼和肌肉的健康发育。摄入钙含量高的食物，能够帮助骨骼健康成长，增强骨密度；适量摄入富含锌的食物，如瘦肉、坚果、海产品等，可以促进儿童的生长发育。

儿童如果心理负担过重可能影响生长激素的分泌，不利于身高的增长。平时要让孩子保持愉快的心情和良好的情绪，不要给孩子过大的压力。

总之，孩子进入青春期更爱美，更关注自己的身体变化，乃是人之常情。家长要在孩子成长的过程中，不断帮助孩子学会欣赏和喜欢自己的身体，懂得每个人都是独一无二的，每个人的身体也都不一样。家长要学会及时给予孩子一些积极的、正向的鼓励反馈，以健康的方式引导审美观的形成。

教会孩子使用卫生用品！

"初潮"是女孩进入青春期的重要标志，如果孩子因为对这方面了解不足，可能会经常弄到裤子上或者床单上。如果是在外面，不小心弄到裤子上，受到同学的嘲笑，她们会觉得这是一件非常羞耻的事。

针对女孩子的"月事"初体验，妈妈要细心观察和教导，让女儿告别初潮尴尬。

教会孩子使用卫生用品

妈妈可以拿出自己的内裤，给女儿演示一遍卫生用品的使用方法。避免女孩不能很好地使用卫生用品，以至于发生侧漏。有些妈妈只是告诉孩子一声，却并未教过孩子如何更安全地使用，尤其一些年龄小的女孩。使用不当，很可能经常弄到床单或者衣服上，这时候家长又会埋怨孩子不小心，不爱干净。所以，教会孩子正确使用卫生用品是非常有必要的。

如何选择月经卫生用品

市面上卫生巾的种类多样，尺寸、材质众多。女孩来月经后，家长可以告诉孩子，如何选择适合自己的卫生巾，并根据经期特点使用不同的卫生巾。

尽量选择棉质卫生巾，要在正规的超市买合格、安全的品牌。如果皮肤容易过敏，更要注意卫生巾的材质。

前几天月经量大，以及睡觉的时候要使用长款卫生巾或卫生巾安全裤。如果需要运动，要选择有护翼的长款卫生巾。后续经量明显减少，可选择较短的卫生巾及护垫

经期要勤换卫生巾，以免发生尴尬的事，或者因使用时间过长导致感染。

外出时，可以把卫生巾放进随身包里，方便随取随用。可以按使用量提前准备好当天所需的卫生巾。

扔卫生巾时，要记得把用过的卫生巾向内卷起，用厕纸包一下，再扔到垃圾桶里，可以让其他使用洗手间的人觉得心情舒适。

教会孩子应对遗精的生理现象！

在现实生活中，青春期性征的发育有时候并没有给孩子们带来多少成熟的自豪感以及对成长的期待，反而增添了一些羞耻感和排斥心理，甚至有的孩子拒绝自己的性征发育。相较于女孩的月经，家长很少关注同为性成熟标志的男孩遗精现象。因为男孩遗精现象比起女孩月经来，要省事很多，并不需要使用卫生巾，也不会流血。

但如果男孩子一直不了解遗精现象，进入青春期性发育阶段，可能会感到困惑不解、惊慌失措，甚至羞耻、排斥。有的孩子可能觉得自己"尿床"了？是不是患了某些疾病？有些孩子也不知道如何处理，从而造成感染的风险。有的孩子甚至认为遗精跟女孩月经一样，是有规律性的。

家长，尤其是爸爸，要告诉男孩，遗精是身体发育到一定阶段必然出现的现象。其生理发育特点为：当性器官发育成熟，睾丸会产生精子，精浆由前列腺、精囊腺和尿道球腺分泌产生，精液由精子与精浆混合而成。当精液在体内积聚到一定数量时，精液就会通过遗精的方式排出体外。如果发生在睡觉做梦时叫"梦遗"，发生在清醒时叫"滑精"。

当孩子发现自己遗精时，要记得告诉家长，而且遗精出现一次之后，以后还会出现，只是并

不会像女孩的月经那样每月都来，遗精并没有严格的规律可言，也可能没有特定的周期。即使以前出现过遗精，后来消失了，也是正常的事情。

还要告诉孩子，遗精之后，尽量不要观看色情图片、色情书刊，这样会不断刺激身体产生性冲动而出现遗精，频繁的遗精可能有损身体健康。

男孩遗精后的护理事项

家长帮助孩子做的事前准备：在床边放一些卫生纸或一条毛巾，便于孩子及时擦拭，在床边准备一条干净的内裤，遗精后及时更换。

发现遗精后需要用干净纸巾擦去精液，并及时清洁局部皮肤、更换内裤。

遗精后去厕所小便，及时排出残留在尿道内的少量精液，最好清洗生殖器部位。

换下的内裤、床单及时清洗，并在阳光下晾晒。

可以选择穿着宽松的裤子，积极参加体育活动等。

睡前用温水清洗外阴，清除包皮垢，以减少刺激，避免频繁遗精。

少看色情图片、视频，避免频繁刺激身体，损害身体。

当存在遗精过于频繁、遗精次数较少、不遗精等情况时，可以和父母沟通，去医院检查。

什么时候做包皮手术较合适？

什么时候适合做包皮手术，并没有绝对的限制，但就适宜年龄来说，7~12岁做包皮手术较为合适。既能积极配合术前检查，也能跟医生做有效沟通，无须在全麻下进行手术，不仅节省费用，而且恢复快，对焦虑、疼痛的反应程度也较低，可大大减少术后的出血、粘连等并发症，缩短了手术的恢复期。只要术后护理好，成年后或者发育完成后，几乎看不到手术的痕迹。

包皮术后，清醒后若没有不适，即可当天办理出院。但要避免剧烈运动，久坐久站，注意保持伤口及周围干燥，小便时注意尿液不要打湿伤口，否则会影响伤口的恢复。一般需要半个月左右的时间休养。

多跟孩子沟通性发育中的焦虑!

很多家长觉得已经告诉了孩子相关的性发育知识,就可以万事大吉了,不需要再跟孩子沟通任何相关的性发育话题了。其实不然。进入青春期新发育阶段的男孩、女孩开始时刻关注自己的隐私部位了。

如果他们在网上或其他地方了解到生殖器的大致情况,会跟自己的做对比,然后陷入性发育的焦虑中。基于隐私的问题,他们又往往难以启齿,大多深深地埋在心中,容易造成强烈的焦虑情绪,甚至有人偷偷地进行伤害自己的行为。

男孩子通常会担心自己阴茎的大小问题,如果发现自己的阴茎是弯的,又会怀疑自己的阴茎没有发育好。关于阴茎大小的问题,在上文已经讲过,松弛下的阴茎大小与勃起后的大小并无直接关系。而且男性大多数的阴茎弯曲也都是正常的生理性弯曲。大多数男性阴茎勃起状态时,都有轻微向旁边或向上、下弯曲的情况。只有阴茎勃起后弯曲的角度大于 30 度,才可能存在问题,需要及时去医院检查,即使存在病理性弯曲,也是能治愈的。

女孩在性发育中的焦虑,可能包括胸部大小、隐私部位黑、阴唇不对称或太大等问题。有的女孩受到社交媒体的误导,认为太平胸、"飞机场"可以隆胸,没有性生活的女性阴部都是粉嫩的,而性生活次数越多,阴部越黑等。这给青春期的女孩可能带来难以启齿的焦虑。性发育期女孩的胸部并未完全定型,随着年龄的增长还会逐渐增大,即使胸部较大的女孩子也不必束胸,反而影响身体健康。而阴部的颜色更和性生活没有什么关系,是因人而异的。广告宣传的所谓粉嫩的女性阴部,更多是靠外阴整形来获得的效果。外阴整形则存在着很大的健康风险,要及时告诉孩子这些手术风险。

女孩的小阴唇(内阴唇)没有什么特定的形状,并非对称的,也是因人而异的。如果小阴唇外露非常明显,走路时引起不适,影响尿流方向,致使外阴局部卫生状况较差的话,建议及时就医。

这些性发育中的相关问题,家长要随时跟孩子多沟通,发现孩子的焦虑和问题,及时答疑解惑,有不适者建议到医院询问医生并进行专业检查。

孩子们之间互称老公老婆，怎么办？

现在有些小学生之间，开始互称老公老婆，创造一个"虚拟家庭"。至于"老公老婆"的真正含义，他们并不清楚，只是觉得这样称呼很"流行"。

"老公老婆"的互称，更像是孩子"过家家"游戏从家庭到社会的延伸，幼儿园是相互扮演爸爸、妈妈，小学后则进入直接家庭称呼。这种良好的升级版"性游戏"，表达了部分同学间的亲密关系。

家长也不必急着严肃地解释给他们听，孩子之间的这种称呼，除了觉得好玩之外，只是代表一种彼此的好感和亲密。

受电视、电影、网络等媒体无孔不入的影响，现在的孩子发育比过去大约早两年，十二三岁性发育成熟后，就有了明显的性别倾向，爱慕异性，喜欢开一些性别玩笑，这也是很自然的，不必过分担忧。当他们继续发育成长后，这种"性别游戏"便会慢慢消失，性心理也会慢慢成熟。

有的家长担心孩子因此早恋，这样的担心过于狭隘了，可以以开放的心态鼓励孩子广泛结交朋友，以平常心与异性相处，尽量避免个别接触。

怎么尊重孩子的隐私？

父母可能都会偷偷查看孩子的日记、网络聊天记录等，甚至为了监督孩子，在孩子卧室装监控。但这些本属孩子隐私的空间，家长在查看孩子隐私的时候，孩子会怎么想呢？

青春期的孩子，更渴望成为一个独立的自我，不想受家长的过度控制，想拥有属于自己的空间。而家长总是想关心孩子的一切，包括学习、交友等。但父母的关心要有度，而不是肆意地窥探孩子的隐私。

这种偷窥的行为往往会让孩子觉得自己不被信任，更不愿跟家长亲密交流，亲子关系愈行愈远。当孩子的隐私长期得不到维护，也很容易逐渐忽视对自己隐私的保护，同时无视他人的隐私，这将对孩子的成长产生不利的影响。家长应学会尊重孩子的隐私。

将孩子视作独立个体

家长要学会放弃"全权掌控"，逐渐接受长大的孩子，尊重他的独立空间、自身的权利和隐私，培养孩子的独立性和自我管理能力的方式。

不要肆意翻看和打听孩子的日记，QQ、微信聊天记录，交友、在校情况等。当家长获得孩子的信任后，孩子遇到问题，反而会主动找家长讨论，而不再遮遮掩掩。

允许孩子拥有独立空间

我们要允许孩子拥有自己的独立空间，比如独立书房、卧室，让他可以在一个安全自主的环境里阅读、学习、思考、作息，学会自主合理地规划时间，追逐自己的梦想。

家长为了监督孩子学习，很多会选择安装监控，这些要征得孩子的同意，并制定好家庭规则，比如明确什么样的行为是可以接受的，什么样的行为是不可取的，家长什么时间可以打开查看监控。有选择地放开，也可以帮助他们形成健康积极的生活习惯。

孩子突然说自己是同性恋，怎么办？

青春期的孩子已经能够感到自己身体冲动的指向，也会体验到自己究竟被异性吸引还是被同性吸引。如果孩子有一天跟家长说，我是个同性恋。或者哪天家长有所发现，要怎么办呢？

家长们要知道的是，没有任何人能够判断另一个人是不是同性恋。一个人的性倾向，只有自己最清楚、最了解。青春期孩子仍处于性倾向的探索阶段，很容易出现一段时间跟同性走得近，另一段时间跟异性走得近的情况。当家长发现自己的孩子和同性别的人走得特别近时，不要马上就给孩子扣帽子，说他是同性恋。

家长要理解和尊重同性恋这个群体，他们是客观存在于人群中的少数群体。同性恋者与异性恋者相比，只是性取向不同，在心理健康方面没有显著差异，即用心理健康指标无法区分同性恋群体和异性恋群体。在其他方面，同性恋者与异性恋者也没有什么大的差异。

不要妄想去通过治疗改变性取向。同性恋并不是一种精神疾病，不需要矫正或治疗。治疗不能使同性恋者成为异性恋者，除非他就不是真正的同性恋者。如果家长确认自己的孩子真的是同性恋，请不要带他去做所谓的"治疗"，这并不起作用，反而会给孩子心理造成更多的痛苦。

事实上，很多同性恋者并不会向家人、朋友公开自己的同性恋身份，很多人选择独自承受着巨大的心理压力。如果孩子能够主动告诉父母自己的同性恋事实，父母应该最大限度地珍惜孩子对自己的信任，对孩子给予理解和情感上的最大支持。

帮助引导孩子。如果孩子自己发现和别人不一样。他们更多会感到困惑、迷茫、痛苦，甚至是恐惧。在这个时候，家长要积极帮助孩子，而不是去苛责他。家长可以给孩子寻找科学的性知识，特别是关于同性恋的知识。鼓励孩子接纳自己，坦然接受自己的性倾向，帮助孩子建立对生活的信心，鼓起勇气面对社会，充满信心地去迎接未来。

不要逼孩子与异性结婚。很多同性恋者之所以选择结婚，是受到父母的期望和传宗接代等传统观念的"逼婚"压力而做出的应付之举。这种错误的做法伤人伤己，对配偶非常不公平。

家长们如果一时接受不了这个事实，不要过于自责，毕竟每个家长都对孩子给予了全部的爱和关怀，慢慢给自己时间去适应和接纳，处理好这些负面的情绪，才能为孩子撑起一片温暖的、爱的港湾。

教会孩子应对异性之间的矛盾！

在小学生的成长过程中，异性关系的问题开始逐渐浮出水面。青春期的孩子对异性产生兴趣和交往冲动是正常的生理和心理发展。然而，由于缺乏经验和正确的引导，他们可能会在处理异性关系时遇到困扰和误解。

了解性别差异

小学生需要了解性别之间的差异，尤其青春期后男孩和女孩在一些方面是不同的，除了身体发育不一样，其他如性格、喜好等也存着很多差异。孩子们需要学会尊重异性并且认识到异性之间的差异。

尊重他人，礼貌待人

在与异性交往的过程中，保持尊重、礼貌、体谅和爱心，不得嘲笑或侮辱他人，也不得侵犯他人的尊严、私人空间和隐私。同时，应该在交往中保持谦虚和礼貌，学会控制自己的情绪和表达方式，不以自我为中心，尊重他人的意见和感受，这样的交往态度可以使与异性的交流更加和谐、愉快。

保持适当的身体距离

异性之间交往应该保持适当的身体距离，避免过于亲密接触。如果有需要，比如在游戏中，也要先征得对方的同意才能进行接触。在公共场合和家庭环境中，也应该注意保持适当的身体距离。

保持独立自主的生活态度

每个人都应该保持独立自主的生活态度，避免过于依赖他人。在遇到问题或困难时，应该尝试自己解决，而不是一味地寻求他人的帮助。同时，也应该尊重他人的独立性，不得以任何方式侵犯他人的个人空间。

建立健康的友谊关系

学生异性之间应建立健康的友谊关系，避免陷入早恋。在交往中，应该以平等、尊重、互相关心和支持为基础，避免对某个异性的过度关注。友谊本身并不是爱情，而是一种互相信任、尊重和支持的感情。孩子需要学会了解和正确面对异性之间的友谊，这样可以更好地了解对方，分享喜怒哀乐，共同学习、玩耍和成长，而不是被感情冲昏头脑。孩子还需要学会对异性的感情保持适度距离和尊重。

拓宽朋友社交圈

要广泛交朋友，拓宽自己的社交圈，避免一直跟特定的某个异性交往，减少对特定异性的过度关注。

不抱有偏见和歧视

以开放、平等的心态看待异性，不得以性别、外貌或其他因素为由对他人持有歧视或偏见。

避免幼稚、恶作剧行为

与异性交往中，尤其男孩子，有时会不自觉地表现出一些幼稚的行为，如打闹、拍屁股、恶作剧等。这些不礼貌的行为可能会引起异性的反感，逐渐破坏与异性的友谊。

如何应对校园性别霸凌？

校园性别霸凌，即校园性别暴力，指基于性、性别认同和性别表达的刻板印象和角色规范期望而引起的，针对儿童的身体、心理和性的暴力。

校园性别霸凌多发生在学校及周边场所。受害者可能是女性、男性、跨性别的青少年或那些最为脆弱和边缘的群体。包括性骚扰、性虐待、体罚和欺凌等多种形式。

2015 年，联合国教科文组织第一次定义了校园性别霸凌，认为这种情况普遍存在，是性别歧视的最恶劣表现之一。校园性别霸凌大多与身体暴力无关，但造成的伤害却是持久以及不可逆转的，可能导致受欺凌的学生出现缺勤率上升、学业表现不佳、辍学、自尊心下降、抑郁和性传播感染等情况。

有的孩子因为长相、身材、声音长期被同学进行性别霸凌，没有肢体言语冲突，却涵盖了侮辱性的讨论。校园中的性别暴力，在女生身上一般表现为性别刻板印象伤害和小团体孤立，在男生身上则表现为对"娘娘腔"、同性恋男生的嘲讽和身体伤害。

在性教育欠缺的环境里，孩子们不知道自己的身体是属于自己的。长得好看的女孩甚至被同学说"骚"，她会感到羞耻。这种"同伴性评价"会伤害任意一个每天必须待在教室里的孩子。

当孩子在学校遭遇到性霸凌时，向家长求助，大人要给予无限的帮助，而不是淡化事情的严重性，要寻求各种途径维护自己孩子的荣誉。比如立即报告给学校或相关机构，寻求帮助和支持；安抚孩子的情绪，给予关心和鼓励；与孩子沟通，了解事件的经过和原因；向其他家长或社区成员寻求帮助和支持。定期与孩子谈心这样的行动一定要做好，在沟通中发现问题，及时处理问题。

网络性别暴力

学生们对互联网的高使用率致使网络文化与暴力结合成紧密的关系，由此出现了互联网性别暴力。施暴者通过网络，以文字或多媒体手段对他人进行长期的攻击，通过使用谩骂、诋毁、蔑视、嘲笑等侮辱歧视性的语言，致使他人在精神上和心理上遭到侵犯和损害。

网络社交成为校园生活的延伸，也使得校园性别霸凌数据不降反升。家长需要从小培养孩子的自我保护意识，让他们了解自己的身体和权利，学会如何保护自己不受性欺凌和其他形式的欺凌。

家长要教育孩子在网上不轻易透露自己的个人信息和隐私照片；不随便接受陌生人的邀请和礼物；在公共场合不轻易与陌生人接触；让孩子了解自己的身体和生理周期，学会保护自己的生殖器官等。

如何应对青春期的变声？

声音由童声变为成年人声的变化过程，属于青春期第二性征表现之一，这个声音变化的阶段就称为"变声期"。一般从 10 岁开始进入变声期，即变声前期；男性 13~16 岁、女性 14~16 岁为变声中期；男女皆在 17~20 岁为变声后期。

儿童期，男孩女孩都是"童声"，差别不大。青春期之后，青少年的嗓音会出现男女性不同的变化：

男孩的变声期一般在 13~16 岁，分泌的雄激素会促使喉部发育，随着喉腔变大，甲状软骨增长，形成喉结，声带变宽、变厚，男性的音调会变得低沉而粗，嗓音开始变深沉。

女孩的变声期一般在 13~15 岁，喉部逐渐变得狭小，声带变得短而薄，音调会变得高而细。

每个人的变声期持续的时间长短不一，短的会持续 4~6 个月，长的可达 1~3 年。进入变声期时，由于喉部快速发育，声带周围肌肉的增长、变化，声带时常会充血，声音嘶哑、容易疲劳，甚至偶尔"失声"。

变声期是身体的自然生理发育现象，孩子无须焦虑。为了能顺利度过变声期，其间应注意变声期的嗓音保健。

不要过度用嗓

在变声期内，青少年的声带处于充血、水肿状态，此时用嗓要节制、发声要科学，以免声带受到损伤或过度疲劳。要克服情绪波动，不要大喊大叫，用嗓时间不宜过长，讲话不要过多。学习唱歌者，要注意保护用嗓，不要长时间唱歌，尤其是在大风或者灰尘多的环境里，更要注意保护嗓子，以免声带疲劳。

饮食温和

辛辣、酸冷等刺激性食物易对喉咙、声带等发声结构造成刺激。多吃水果、蔬菜，多喝温开水，可减少或清除喉腔的分泌物，有利于保养声带。不吃油炸、熏烤、辣椒等过于刺激的食物，以及过烫、过冷、过粗、过硬、干燥的食物，避免吸入二手烟刺激喉头与声带。孩子处于变声期时，嗓子更容易受伤，少食或不食辛辣刺激的食物，多喝白开水，让孩子顺利地度过变声期。

少生病，多运动

感冒有可能引起嗓音嘶哑，造成声带受损，因此，变声期的孩子注重预防感冒是十分重要的。家长应提醒孩子注重卫生保健，保持口腔的清洁，以减少细菌的繁殖生长，避免嗓子受伤。积极预防及治疗上呼吸道感染、支气管肺炎、咽喉反流等疾病，避免此类疾病对嗓子造成更大的伤害。加强运动，增强身体的免疫力。

少说话，注意休息

每个人在变声期的嗓音变化不是完全一样的：有些人的声音嘶哑程度较重，有些人则只有轻微的嘶哑。如果你的孩子声音嘶哑较明显，那么，让孩子尽量少说话，使声带得到充分的休息。

保持情绪愉快

情绪对发声器官的发育也有着很大的影响，紧张的情绪易使声带出现水肿，多关注孩子的情绪，当孩子出现负面情绪时及时引导。

声音嘶哑要引起注意

炎症导致的嘶哑往往会在两周内消失，超过两周的声音嘶哑往往提示有器质性病变。若声音嘶哑超过两周，并伴随其他喉部或全身表现，比如咽喉痛、发热、呼吸吞咽困难、进食饮水呛咳等，需及时到医院就诊。变声期时若声带受到损伤，引起声带充血、水肿，需噤声一段时间，必要时可寻求医生帮助，进行雾化、药物治疗等。

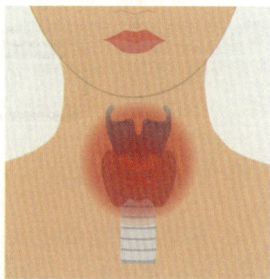

嗓音康复方式

放松训练

通过"打嘟"的形式，体会发声过程中声带的放松，进而放松整个发声器官甚至颈部肌群。

保持上身稳定，自然闭合双唇，既不能过紧也不能过松。使用腹式呼吸进行深吸气，呼气时，双唇振动并带动声带振动，发出连贯持续的"嘟——"，重复 10 次。

起音训练

通过夸张的哈欠和叹息动作，使声道充分打开，咽部肌肉放松。在叹息时发声并体会放松的感觉，为形成自然舒适的嗓音奠定基础。

改善音质训练

通过柔和的气泡式发声，使声带得到放松，改善儿童由于声带闭合不全导致的病理性嗓音音质。还可采用哼唱法，闭口用鼻声来练习发声。

如何应对讨厌的青春痘？

小学的孩子长青春痘的没那么多，一般到了初高中、大学，青春痘会成为最烦人的青春标记。但也有些孩子，在小学可能就被"缠上了"。

青春痘，学名痤疮，是一种毛囊皮脂腺的慢性炎症性疾病，以粉刺、丘疹、脓疱等为临床特征，常伴皮脂溢出。好发于 15~25 岁的青年男女，女性好发于男性，所以被称为"青春痘"。

孩子进入青春期后，随着性激素分泌增多，皮脂腺分泌也变得旺盛，脸上就会起青春痘、粉刺。随着孩子年龄的增长，青春期过后体内激素水平趋于稳定后，可以自行消退或减轻。大部分不需要治疗，但是中度或重度的痤疮不仅影响患者的美观，还会影响患者的社交、学习，甚至会导致抑郁症、焦虑症等。

青春痘十分影响美观，很多孩子都会用手挤痘痘，护理不当，可能会导致青春痘变严重，甚至导致青春期结束，留下痘印等后遗症。用手挤痘痘，因为面部和指甲上有很多细菌，容易引发伤口感染。

如何护理呢?

1. 保持皮肤清洁：选择适合自己肤质的洁面产品，早晚清洁面部，去除多余的油脂和污垢，减少毛囊堵塞的风险。

2. 控油保湿：使用控油效果好的护肤品，不使用油性护肤品。同时给肌肤补充水分，保持水油平衡，减少油脂分泌过多引起的痘痘问题。

3. 避免挤压：面对已经冒出的痘痘，切忌用手挤压，以免加重炎症，留下痘印和痘坑。

4. 多吃清淡食物、水果蔬菜，少吃油腻、辛辣食物。

5. 保持充足的睡眠和愉快的心情，学会调节自己的情绪和压力，可以通过运动、听音乐、阅读等方式来放松心情。保持积极乐观的心态，避免过度焦虑和紧张。同时，注意保持良好的睡眠质量和作息习惯，有助于减轻心理压力对皮肤的负面影响。这些都可以在一定程度上减少青春痘的产生。

孩子在家里喜欢裸露身体怎么办?

有的孩子身体已经开始发育了，可每次洗完澡，还时不时就裸着从卫生间跑出来，跑出来后再去穿衣服。有的孩子在炎热的夏天，怕热，也喜欢不穿衣服。这些孩子在家里喜欢裸露身体，是不是缺少身体的界限感呢? 家长要怎么办呢?

一般情况下，这种孩子的确没有建立起身体界限感，认为裸露身体很正常，又不是在外面，家里都是爸爸妈妈和亲人，从小就习惯了。在孩子心里，仍和父母家人是一体的，不会介意在家里被谁看到。这样的孩子还没有发展出自主的意识，觉得和他人是有区别的。

还有的孩子从小就被照顾得太好了，家人帮忙洗澡、穿衣，长大了还停留在熟悉的孩童时代，待在家里太舒服了，并不真的想进入青春期，实现自己的独立性。

有的孩子受家庭影响，比如家里人经常在家穿着暴露，光着膀子，不穿上衣，家长洗完澡不穿衣服，孩子也容易有样学样，因为这是家庭内部共同的规则标准。

家长要注意孩子的需求，通过和孩子讨论来找到解决问题的办法。

定规则，立界限

跟孩子商量定规则、限制身体随意裸露的时间、场所，比如只能洗澡时裸露，洗完澡出来之前要擦干穿上衣服。如果自己不能做到，可以寻求家人帮忙。

执行以鼓励为主

一旦定了规则就尽量去执行，整个过程都请记得以鼓励为主，避免责骂、羞辱。这样，我们的孩子才能够既懂得身体的界限，学会不随意裸露身体，同时又不至于以自己的身体为耻。

家长要以身作则

有些家长在家里会穿得比较暴露，孩子看到父母的行为会跟着学习。如果想改变孩子，那么先从改变自己开始。

如何应对性猥亵 / 侵犯？

性侵害，指侵犯者为满足自身性需要或者心理需要，与被害人之间发生的性接触或性交往。既包括违反未成年人意志强行对其实施性行为，也包括在未成年人不知情或者没有达到性自主年龄，不具备理解能力的情况下，对其实施的与性有关的行为。

《中华人民共和国刑法》规定的性侵害未成年人的罪名包括强奸罪、猥亵儿童罪、强制猥亵、侮辱罪、组织卖淫罪、强迫卖淫罪、引诱、容留、介绍卖淫罪、引诱幼女卖淫罪。

有的孩子虽然遭到了性骚扰、性威胁、性侵害，但是因为对性的无知，他们被侵害时根本不懂得什么是性侵害。甚至被侵害后也不敢或者不会求助，直到事态严重时才被发现。家长们要教孩子们学会分辨什么是性侵害，如何远离、避免性侵害。

在儿童安全防护面前，家长万不可有侥幸心理，保持足够的防范意识，帮助孩子树立科学防范意识，远离危险！

教孩子懂得身体的界限感

6 岁前，帮助孩子认识自己的身体。家长就应该通过日常生活告诉孩子哪些是隐私部位，告诉孩子背心、内裤遮挡的胸部、生殖器和臀部等部位，不能随便让别人看或者摸。同样的，别人的这些部位我们也不能随便看和摸，即使随便闹着玩也是不可以的。

6 岁后，随着心理认知的成长，孩子对这些有了更全面的认知，仍需时刻谨记身体的界限感，对不安全的亲近动作敢于说"不"。

区分安全的接触和不安全的接触

简单的摸头、拍肩，属于安全的接触，给人的感觉是舒服、放松、开心、正大光明。而不安全的接触，包括搂腰部，摸背部、胸部、隐私部位，或者拉手反复抚摸，这些接触给人的感觉是不安、紧张、困惑、怕被别人知道。如果遇到这种不安全的接触，我们要大声、清楚地说："不！我不喜欢！不要这样！"并赶紧跑开。

小恩小惠不能要

记住"天下没有免费的午餐"，不能贪便宜接受他人的食物或者财物，防止掉入坏人设下的圈套。

结伴而行不落单

不管是在校园，还是在回家的路上或者任何时候，都不要一个人待在僻静的地方，容易遇到坏人。要和老师、家长或者其他小朋友待在一起。

坏人秘密不保守

如果有人告诉你，这是我们之间的秘密，不要告诉爸爸妈妈或者任何人，那么一定要告诉爸爸妈妈。

不良信息不去看

要养成良好的上网习惯，不去看淫秽色情的网站。平时不要出入迪厅、酒吧、夜总会等场所，抵制不良信息诱惑。

沉着应对性侵害

家长教会孩子应对性侵害的自我保护的方法越简单、越容易记住越好。人在发生意外的瞬间，大脑往往一片空白，陷入恐慌，搞不清楚发生了什么状况，更别提孩子了。

谨记"四会"原则	
会说不	引人注意。可以大喊"住手！我不喜欢你这样做"。用手可以拿到的东西砸窗户吸引路人注意等
会跑	第一时间逃离现场。在公共场所时跑向人多的地方，向周围的人求助或及时拨打110报警求助
会骗	机智想办法，可以编理由骗坏人，尽量拖延时间，借机呼救或逃脱
会记	记住坏人的体貌特征、地点，以便公安机关及时抓住坏人、辨认坏人

坚定地拒绝

教会孩子识别危险情境，在遇到危险或者有人让你不舒服的时候，觉察到任何违反自己的意志或者有不舒服的感觉，要坚定地拒绝别人，并且立即离开。

—— 这些危险情境包括但不限于：有人威胁或者请求随意看和触摸身体；要求脱衣服或者随意或故意脱衣服暴露自己的生殖器；当面说一些带有生殖器官的粗话、猥亵的话语，或者谈论黄色话题；邀请或强迫看裸露的图片或视频等。

学会呼救和逃脱

遇到别人不怀好意的性挑逗，要及时斥责，要高声呼救，表现得坚强而自信。假使四周无人，也不慌张，保持冷静，利用随身携带的东西或就地取材进行自卫反抗，还可采取交谈周旋、拖延时间的办法等待救援。

可采取无过当防卫行为

当面对性侵犯时，如果有能力进行防卫，可以不考虑防卫的后果，即可以采取无过当防卫行为：

用手戳其眼睛，用水果刀、小剪刀刺其手脚，或用鞋后跟用力踩其脚背等；

若被坏人推倒到床上，则要用被子迅速罩住坏人的头脸，将其推倒后，迅速逃跑；

也可假装顺从，让坏人自己先脱衣服，在歹徒脱衣服时，当内衣蒙住眼睛时，女生可撒腿就跑。或者趁其不备，迅速一头将其撞倒，或用拳头及其他物品击打他的腹部，也可用鞋尖猛踢其头部。

一定要保留物证

由于性侵犯类危机事件的特殊性，受到侵犯后一定要保留物证。比如不要擅自洗澡、清洗衣物等，对体液、毛发、皮屑、通信记录等证据进行保留，用干净塑料袋装好相关的衣物。

身体和生命高于一切

在"灾难"不可避免、无力反抗的时候，保护自己的身体和生命比什么都重要。在生命和身体受到威胁时，首先应该选择对身心损害最小的手段。比如，在无力反抗的情况下，可以哀求强奸者戴上安全套，既能防止感染性病，又能有效避孕，避免身体的二次伤害，把对自身的侵害减少到最低限度。

寻求家长或其他大人帮助

在孩子还没有办法独立面对和处理复杂的社会状况时，家长的信赖和依靠是孩子生存的基石。

家长不要常常责备孩子，当孩子说出身体被侵犯的事实时，家长要先照顾好孩子的感受，不要去责怪和否定孩子，否则孩子会觉得事情的发生是自己的责任。因为内疚感、自责感、罪恶感、恐惧害怕而选择自己承担，导致事态继续恶化。

性侵之后，很多罪犯会威胁恐吓孩子：如果你告诉了别人，或者有人知道了这事，你将会怎样怎样，你家人会怎样怎样，等等。尤其一些身为师长的罪犯，会利用孩子的信任和自己的威信来恐吓孩子。很多孩子就是因为想照顾和保护家人免遭报复而隐忍不敢对父母讲出事件的真相。家长要经常敞开心扉跟孩子谈谈心，了解一下他最近的状况。让孩子知道并且相信：无论发生了什么，他都没有任何过错，不要相信坏人的任何威胁，坏人的任何威胁都是怕被发现。家人永远是他可以信赖和依靠的港湾。

在学校及其附近遇到异性反复纠缠时，注意以下几点：

①态度明朗，明确拒绝。

②减少来往次数，但要以礼相待；不可用言行刺激对方而引发对自身的侵害。

③遇到难处，要及时向老师和家长汇报。如发现对方有采取报复行为的苗头，要寻求老师帮助，妥善处理，防止发生意外事件。

发生了性侵害事件后：

询问孩子事情的经过

在询问孩子事情发生的经过时，家长要遵循两个原则。一是要保持平静，不要在孩子面前流露出愤怒、紧张等情绪，以免孩子不敢说出实情。二是尽量在第一次问话的过程中就将全部的细节都问好，不要反复地询问，以免孩子误解，遭受多次心理伤害。

及时报警、求医

发现孩子的身体受到伤害后，家长应在第一时间带孩子去医院检查身体，这样既能让孩子得到及时的救治，又能保留罪犯的犯罪证据。向孩子解释他们身体所受的伤害，并告诉孩子，他们很快就会恢复。

面对性侵犯类事件，家长和孩子都要去除忍辱负重的心态，积极寻求公安机关的法律援助。协助警方在现场提取新鲜证物，力争早日破案，使犯罪人受到应有的法律惩罚。

小贴士 有些孩子在遭受性侵害后，并没有认识到这是一件多么严重的事情，因此，家长在与孩子沟通时，应尽量保持镇静，不要将消极情绪传染给孩子，以免给孩子造成心理负担。

采取措施，防范侵害人

有时候，由于证据不足，无法将坏人绳之以法。此时，家长就要采取措施，让孩子远离侵害人，避免孩子再次受到伤害。

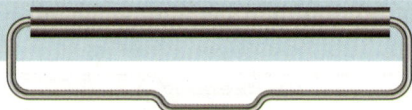

关心安慰孩子，帮助孩子走出阴影

遭受性侵害后，孩子的生理与心理都会受伤，身体上的伤可以治疗，心理上的伤则需要得到父母的爱与关心才能痊愈。家长应给予孩子更多的关心，告诉孩子："不管发生什么事，爸爸妈妈都会永远爱你。"让孩子感受到爸爸妈妈的爱，孩子才会更快地走出阴影。

为孩子做心理疏导

如果孩子长期走不出伤痛，导致心理抑郁严重，应及时为孩子找心理医生，让孩子在心理医生的疏导下渐渐走出阴影。家长也应与心理医生沟通，配合心理医生做好孩子的心理康复工作。

如何应对暴露癖等性骚扰？

有关性骚扰状况的调查报告中显示，女性遇到的露体行为在所有性骚扰中占比达到了 25.9%。青春期的孩子已经有了自己的活动空间，可能会自己上下学，自己去玩，等等，因此也有可能会遇到暴露癖等行为的骚扰。

暴露癖，又称露阴癖，指在公众场合裸露自己的身子或故意让人看到自己穿着的内衣裤以产生性快感，尤其指露出裸体或性器官者。

暴露者是心理不健康的表现，很可能是在青春期前后受过坏人教唆、黄色书刊影响，或有过不良性经验。这些暴露者多缺乏自信，与异性相处有困难，以向异性露出身体部分，让对方受惊或受人注目而得到性快感，是一种性欲倒错。

常见的暴露症状、行为，包括：

1. 经常在镜子前裸露。

2. 刻意在阳台、屋顶等地方裸露。

3. 刻意打开门或窗户进行裸露。

4. 在异性经常过往或聚集的地方裸露。

暴露者多出现在黄昏或不太黑暗的晚上，在街头巷尾、公园或电影院附近人不多的地方，或者十分拥挤但又有机可乘的地方，比如地铁、公交车上；也有的白天站在门口、窗口、偏僻角落，当异性走近时突然暴露自己的性器官，使对方惊恐不已，暴露者则从中感到性的满足，然后迅速离去。这些秩序薄弱处，是暴露者喜欢的场所，以便于迅速逃脱。

网络暴露者，指那些利用社交媒体在未经他人同意的情况下传播自己私密照片的行为。网络露阴癖和线下相比更加肆无忌惮。

家长要告诉孩子，平时不要单独去偏僻的地方，在人群拥挤的地方远离不怀好意者。遇到暴露者，不要害怕，最好的反击方式便是轻描淡写地无视略过，然后找家长求助，并报警。在我国，在公共场所故意裸露身体是被严令禁止的，如果情节恶劣，会处五日以上十日以下拘留。

在网络社交媒体聊天时，一定不要接受这些私密照片，也不能互发，否则可能遭到不法分子的胁迫。

发现孩子看色情作品怎么办？

现在的学生们在家上网、拿着手机刷各种短视频，并不是什么新鲜事。有时候不可避免地会遇到一些色情图片、视频或小段子。当家长发现孩子看色情作品，怎么办？

首先，家长不要一味地打压、阻止，甚至训斥。青春期的孩子也有性冲动、性好奇，有可能是因为对于性的好奇，想从各种渠道了解性知识。也可能是孩子自己上网时不小心点进了这种色情网站，然后就"开启了新世界的大门"。

家长要和孩子进行开放式讨论，根据孩子的年龄、成熟程度以及获取性知识的来源等，多方面调整讨论的深度和方法。

跟孩子讨论一下色情作品的问题，对孩子加以引导。如果他想获得性知识，色情作品并不是一个好的渠道，因为那上面有很多错误的性知识，不能去模仿里面的性行为。这些色情作品是专门拍给部分成年人看的，是演出来的，不是真实的，是以赚钱为目的的，可能涉及性暴露、性犯罪、性别不平等，或者引诱别人等。大部分成年人并不会去看这种色情作品。情色产业不是为了性教育，不能给一个充满好奇心的孩子传递关于身体和性关系的正确信息。如果想了解正确的性知识，可以找一些科学的书和视频来看。

弄清楚孩子接触色情作品的来源。如果是网上浏览，可以告诉孩子，在我国制作和传播色情作品属于违法行为。网上也有很多犯罪行为，要学会处理这类色情作品内容，可以关闭浏览器或手机屏幕，不必纠结和自责。家长应该适当控制孩子的上网设备，比如设置家长监督模式、青少年模式，保护孩子免受色情内容影响。

告诉孩子，如果遇到了不懂的事情，或者觉得难受的事情，请告诉家长，家长会倾听并提供帮助。一定不要在网上发情色短信和互相发送裸体照片，这会让自己陷入情色陷阱中。

色情作品中表现出的性行为并不是现实中相爱的人会做的事情，相爱的人并不喜欢里面的性强迫、性暴力等行为。真实的生活中，相爱的两个人的性是美好的、温柔的和彼此尊重的。

如果发现孩子看色情作品的行为异常，或表现出成瘾迹象，影响到日常的生活和学习，家长要引导孩子规范自己的行为，不能在没有性兴奋的时候，反复用色情作品来挑起自己的性兴奋。如果没有效果，可以征得孩子的同意，寻求专业心理医生的辅导和帮助，注意要保护孩子的隐私和自尊心。

青春期发育的孩子，十分反感家长"干涉"自己的生活。家长与孩子之间坦诚对话很重要，彼此建立信任和理解，而不是简单监控他们，用命令、指责的语气让孩子改变。制定规则时，双方可协商，一味地单方面给孩子制定规则，反而可能帮不了孩子，甚至丧失沟通的机会。

💡 平常心看待孩子的自慰现象！

当孩子进入青春期，由于性激素大量脉冲式分泌，他们有时候会出现强烈的性感觉和性冲动，而为了释放性冲动，这个阶段的孩子可能会出现一个很常见的行为——自慰。

自慰，指没有异性参与时所有自我进行的满足性欲的活动，自己通过对生殖器官进行性刺激以获得性唤起或其他性快感的刺激行为。这些性刺激可能包括手、被子摩擦等，是性释放途径的一种方式。

青春期孩子可能会面对心理和生理的多重困惑，身体性发育的冲动和好奇、心理发育的攻击性冲动、道德的约束和规则的遵守。一系列的性发育困惑让青春期的孩子们面临着挑战。大多数的男孩和部分女孩在青春期就开始有自慰的行为，男孩比女孩的比例更高、频率更高，因为男性体内分泌的雄激素远比女性多，所以有更明显的性冲动。

由于我们社会文化的影响，性对于大众来说并不是一件可以随意挂在嘴边讨论的事。出现在大众视野内的性事件反而更多的是肮脏、可耻的行为。其实，青春期有自慰行为的孩子是很多的，这是性发育成熟后非常正常的生理需求。很多孩子对于青春期突如其来的性冲动手足无措，可能对自己的性好奇、性幻想产生极大的羞耻感，对自己的自慰行为更是不知该如何面对。

我国传统观念认为，长期手淫可能耗精伤髓、大伤元气。有的家长如果看到孩子手淫自慰，可能会严厉地制止，怕孩子学坏了；有的家长又担心若不制止，会导致孩子长期手淫，影响身体。这让很多家长无所适从。

对于青春期孩子来说，卫生的、适度的自慰行为是安全的，不会伤害身体。家长需要做的就是以平常心来对待孩子的自慰行为，适当加以引导即可。不要对这种行为进行污名化，给孩子带来心理上的罪恶感。

如果孩子频繁手淫，又不注意生殖器官的卫生，有可能引发感染。但手淫是不会引发身体疾病的，更不会影响生育。对于一些青少年因耽于手淫而精神萎靡，学习成绩下降的现象，家长要及时介入引导。

家长可以在平时进行性教育时告诉孩子，自慰也要注意卫生和安全呢。比如注意在自慰前洗手，在自慰后清洁，不要选择环境脏乱差的地方自慰，不要把奇怪的物品插入自己的身体，或是用不洁或容易伤害身体的东西触碰自己的隐私部位。

自慰还要注意适度，不要过于沉溺其中。当自己的身体自然地产生性欲的情况下，在安全、卫生、隐秘的场所（自己的卧室）可以进行，但并不是通过频繁地看色情作品，或抚摸自己的身体调动性欲来达到自慰的目的。也不能因为频繁自慰而影响睡眠，影响白天的生活和学习，使注意力不集中，如果受到影响，这种行为就需要进行调整。

男孩还可能会出现毫无征兆的阴茎勃起情况。由于男性青春期性激素大量脉冲式分泌，男孩子会突然发生阴茎勃起，这也是正常的，有时候并不受自己控制，所以不要为此感到羞耻、自责。男孩平时可以选择宽松的内裤和外裤，避免对阴茎的过度挤压以至出现更多的勃起现象，因为摩擦和压力也很容易让阴茎勃起，还要及时避开公共场所，以免引起尴尬。

家长要告诉孩子的是，逐渐接纳来自身体性发育的冲击，认识到自己即将从孩童迈向成人。要冷静处理青春期的攻击性冲动，除了生理上的挑战，它可能还会带来更多的创造力、竞争意识、韧性与不服输等内心的真正力量。

💡 如何和孩子讨论安全套的问题？

家长当然不希望自己的孩子过早发生性行为，但是有些事情并不是家长所能控制、杜绝的，尤其步入青春期的孩子。由于生活环境的日新月异，各种网络信息、视频更是铺天盖地，相比以前，现在的孩子无论是生理还是心理，都更加成熟。

如果孩子过早发生了性行为，那么家长更担心的应该是，孩子如何更安全地发生性行为，而不是对安全措施一无所知，或者不当回事。所以家长们，一定要在青春期前给孩子们上一堂关于安全套的性教育知识课。

正确安全地使用安全套，并不仅仅是保护女性，还可以有效阻挡一些性传染疾病，所以无论男孩、女孩都应好好了解一下保护自己的性安全措施。男人的精液不进入女性的身体可以避免男性将艾滋病或者其他跟性有关的疾病传染给女性。同样，如果这个女人有性传染病，那么也不能进到男人的身体里。使用安全套是双向保护的。

家长还要告诉年纪较小的孩子，不要随便去捡地上废弃的安全套。有的人乱扔安全套，即使被丢到垃圾桶里，但有时候可能因为一些原因会从垃圾桶里掉出来。安全套看起来像气球的样子，但是废弃的安全套非常危险，可能携带各种致病病毒，比如肝炎病毒，这种病毒可以在避孕套上存活很长时间。所以小孩子千万不要去捡安全套，玩吹气球、水炸弹的游戏。

什么是安全套

安全套，又叫避孕套，是目前应用普遍的有效避孕工具，不仅可以避孕，还能预防性传播疾病。

怎么选安全套规格

安全套长度约为19厘米，远端有一个约2厘米长的贮精囊，是性行为时贮存精液的地方，近端开口部（套口）有一个略有松紧的橡皮圈，将其套在阴茎上具有紧束阴茎的作用。安全套也分为不同的规格，按开口部直径大小可分为大、中、小、特小等四种型号，开口部直径35毫米为大号，33毫米为中号，31毫米为小号，29毫米为特小号。目前国内绝大多数安全套型号都是中号。

安全套分男女吗？

安全套也有男女两种类型。

男用安全套：薄而柔软、有弹性的薄膜套，由乳胶聚氨酯或加工动物组织制成，适用于男性勃起的阴茎，有助于防止精液传播。男用安全套可以有效阻断性传播疾病病原体出入，预防感染。

女用安全套，薄而柔软、宽松的抛弃式聚氨囊袋两端都有形似子宫帽的环形构造。使用时将安全套放在阴道内，防止精子进入。如果正确、持续地使用，女用安全套可降低包括 HIV 在内的许多病毒的感染风险。

如何正确使用安全套？

1. 检查安全套是否在有效期之内。

2. 从安全套包装的边沿撕开，轻轻将安全套挤出。

3. 手拿安全套的边沿，确保可卷曲部分向外，用拇指及食指轻轻挤出安全套前端小囊的空气，以便存留射出的精液，也可防止在射精时由于囊内压力大导致避孕套破裂。

4. 阴茎勃起后立即戴上安全套，戴套时将卷叠部分慢慢捋下来套住整个阴茎，并保证性行为全过程中戴套。因为即使在没有射精时，阴茎的分泌物里也含有少量精子，并且有可能传染性传播疾病。

5. 射精后阴茎仍勃起时，以手按住阴茎根部的安全套，抽出阴茎，在阴茎完全抽离后，将安全套摘下，同时避免阴茎与安全套接触到对方的身体。

6. 请谨慎处理用过的安全套，最好用纸巾包好后将安全套弃置在垃圾桶内。

安全套使用注意事项

每次性行为前，必须用一个新的安全套。性行为过程中，如果安全套滑落，要立即抽出，重新使用新的安全套。

高温环境下存储的安全套弹性会变差，在进行性行为时容易破损。

如果将安全套和尖锐的物品放在一起，有可能会划破安全套，导致避孕失败。

在使用安全套时，撕开包装要小心，要沿边缘撕开，不要用牙咬或者用剪刀等剪开，这样容易弄破安全套。尖锐的指甲也有可能划破安全套。

性行为结束后要检查安全套是否有破损，如果破损可补加紧急避孕措施。

有人会对安全套过敏，如果发现瘙痒不适，应立即停止使用，并选用其他材质的安全套或其他避孕措施。

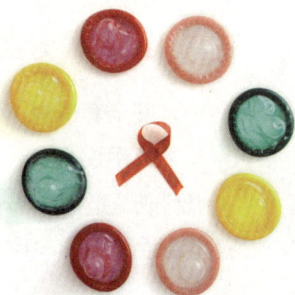

性幻想、性梦、手淫并不是"祸"！

到了青春期，男孩女孩有时候会产生莫名的性冲动和性兴奋，男孩的阴茎会不由自主地勃起，女孩阴道分泌物会增多，变得湿润。看到漂亮的异性时，脑子里可能还会情不自禁地想入非非。这都是青春期性激素分泌"惹的祸"。

青春期自慰通常包括性幻想、性梦和手淫三种形式。

性幻想，指在人的内心世界里，想象各种与性有关的情境，如性爱场景、性对象、性行为等，从而产生强烈而愉悦的心理刺激。性幻想是在一个虚构的环境中进行的。

性梦，指在睡梦中与异性发生性行为，达到性满足的现象。据研究，性梦的发生率男性多于女性。男性多发于青春期，女性多发于青春后期。性梦也是青春期成熟的正常心理现象。

手淫，指通过自我抚弄或刺激性器官而产生性兴奋或性高潮的一种行为，这种刺激可以通过手或是某种物体，来诱导发生。手淫在青春期男、女均可发生，以男性更多见。

性幻想和性梦有何不同呢？

性梦是在睡眠中，梦见自己谈情说爱，甚至发生两性关系。性幻想则是在意识清醒状态下的心理活动。

性梦的本质是一种潜意识的活动，通常是本人的意识所不能察觉到的。有心理学家认为，性梦是潜意识中被压抑的性欲望的暴露，是一种心理上的安全宣泄。有的人能够记得自己的性梦，有的人则是不记得的。男孩遗精后，性梦中常会伴有遗精现象的发生。性梦的对象不是自己能控制的，很可能是亲人、朋友、明星等等，可能只是你的潜意识随便选择的一个你日常经常见到的对象，所以如果在性梦中梦见了自己觉得不可思议的人，也不必为此感到自责和羞耻。

正常的性幻想是能自我控制的、暂时的，与性梦相比，性幻想是主动性的，是在清醒的状态下，会下意识去构造画面，类似于拍电影一样，将自己对异性的憧憬在脑海中过一遍。性幻想者能清楚地认识到其内容是虚构的、不存在于现实生活中的，是受主观意志所支配的。这并不同于精神病幻觉，幻觉是一种病态，是虚幻的知觉障碍，不能自我辨别，甚至在幻觉支配下会产生各种冲动、怪异行为。这两者是有本质区别的。

如何处理孩子早恋问题？

早恋，指的是青春期的青少年之间的恋爱关系，通常指 18 岁以下的青少年建立恋爱关系或对他人产生爱意的行为。

从儿童进入青春期，孩子的下丘脑垂体性腺系统会分泌各种各样的性激素，性发育逐渐成熟，但心理发育可能依然不够成熟，自我控制能力也较弱，对异性更加向往，很容易因为一时的感情冲动而陷入早恋。如今，中小学生中的早恋现象也屡见不鲜。

孩子早恋的信号

突然变得爱打扮

孩子在进入青春期后，会开始注重自己的外貌和形象。如果孩子突然变得特别爱打扮，经常照镜子、修指甲、理发等，这可能是孩子开始对异性产生兴趣，希望给对方留下好印象的征兆。

某段时间情感波动大

如果因为一些小事情就表现出过度的喜怒哀乐，比如突然变得特别兴奋、开心或者失落、伤心，这可能是孩子正在经历情感上的波动。此时父母需要关注孩子的情感变化，了解孩子的内心世界。

与父母的沟通突然减少

如果平时孩子与父母的沟通顺畅，却突然间有段时间不愿意分享自己的心事和情感，可能是孩子把心事和情感隐藏起来了。此时父母需要主动与孩子沟通，了解孩子的想法和感受，建立良好的亲子关系。

学习成绩明显下降

当孩子出现早恋的苗头时，上课时的注意力往往很难集中，心思变得散漫，学习成绩就会有所下滑。此时家长要引起重视，及时和孩子沟通交流，以免影响孩子的学业。

电话、微信等通信交流增多

时常有异性的同学打电话，或天天抱着手机发微信，而且喜欢回避家人。

经常偷偷写情书、日记

瞒着家长写情书、日记，注重信纸暧昧的样式，特别注意隐藏信件。家长发现孩子经常在写东西，不要轻易去打扰孩子，要给孩子一些空间去宣泄情感。

性格突变

原本活泼好动的孩子突然变得话少，甚至不愿和父母进行情感的交流。

突然爱看爱情题材的小说、电影、电视剧

突然对以爱情为题材的文艺、电影、小说兴趣浓厚，也可能突然开始谈论两性之间的事情。

男女一对一交往

男女之间常常一对一交往，不愿意参与群体活动，喜欢与固定的异性交往，双方的交往很频繁，打着与其他同学相约的旗号，瞒着老师与家长，找各种理由外出。花费大量时间与彼此相处，如看电影、散步、学习、吃饭、游玩、运动等。有可能导致对学习的兴趣降低，学习成绩自然会下降。也有可能双方彼此鼓励，学习不太受影响。

有亲密的身体接触

双方在一起时，渴求对方的拥抱、亲吻，有亲密的身体接触行为。

关注对方与其他异性交往

当孩子陷入早恋时，对方就成了他的"专属物品"，当看到对方与异性交往时，他会产生不满、嫉妒等心理。

家长怎么办

家长和老师之所以对早恋的孩子非常重视，通常也是因为这个阶段的孩子较容易受到影响。有的孩子早恋后，注意力转移，学习成绩下滑严重，或者性格发生改变，或者做出一些不理智的行为。

当发现孩子出现早恋行为时，要有所警惕，巧妙地让孩子及时"刹车"。

不要强制管教

孩子步入青春期后，对异性的冲动是不可避免的。如果孩子发生了早恋，不要一味地去责备和管教孩子，这会让他们在思想上产生更多的情绪负担，从而影响心理发展、学习等。

家长要做的是"堵不如疏"，引导孩子树立正确的恋爱观，既要对孩子的行为表示理解，又要对他们进行必要的指导，教会他们把这份好感转化成积极向上的动力。

尊重孩子隐私

随着孩子年龄的增长，隐私意识也逐渐增强，如果孩子反对家长过度了解自己的隐私，那么家长就要尊重孩子的隐私，让孩子保有自己的一份"小秘密"，能够有疏泄情感与想法的空间。家长如果过度干涉孩子的隐私，反而会拉远与孩子的距离。家长应用信任与尊重拉近与孩子的心理距离，再开始"动之以情、晓之以理"地沟通。

帮助孩子确认感情

认真倾听孩子的心声，理解他们的情感和需求。避免打断或轻视他们的感受。

搞清楚孩子是真的恋爱了，还是仅仅对异性有好感而已。帮助孩子分析与异性交往时遇到的问题，教会孩子如何和异性相处。大多数情况下，这个年龄阶段孩子之间的爱情比较幼稚，很容易瓦解。

有的孩子一段时间协作相处，互生爱慕；有的可能只是表面看似亲密，其实只是更好的朋友关系；有的属单相思；有的可能表面关系一般，其实已恋爱多时……这些都需要家长多与孩子谈谈心，平时多多观察，掌握准确的信息，摸清底细，才能做到心中有数。

分享经验和价值观

与孩子分享自己的恋爱经历和家庭的价值观，但要尽量避免居高临下的说教方式。让他们明白你的立场和期望。

比如谈谈孩子与异性交往时遇到的问题，为孩子支支招，孩子自然也就乐意与你分享他生活与学习中的点滴。

提供良好交往的空间

正常的男女交往应该是被鼓励的，家长一味地禁止与阻挠只会事与愿违。

如果孩子真恋爱了，那么此时父母不妨以支持的态度，试着去为孩子提供与异性朋友交往的空间，如在家中为孩子组织一次聚会，邀请孩子的朋友来家里做客，让孩子的人际关系透明化。家长适当参与，不仅不会让孩子反感，反而可以让孩子与异性朋友之间的友谊更健康，而且也许令家长头疼的恋爱问题可能哪天就自然地迎刃而解了。

明确学习期望

家长在表明支持的态度后，还要委婉地表明自己的期望：恋爱可以，但要处理好恋爱和学习的关系，不能耽误学习，以及运动、交友、兴趣爱好等其他方面的发展。

学习下降严重，要有严规

可以提前跟孩子沟通好，如果恋爱后一段时间，孩子的成绩明显下滑，就要采取一定措施，让孩子明白恋爱的后果和消极影响，让孩子认真地思考自己的状态，并做出承诺改变。家长要鼓励孩子在学业、兴趣爱好和社交活动中保持平衡，不要在生活学习中只以恋爱为主，从而荒废了学业。

设定合理的界限

早恋时，孩子可能会面临一些情感和生理上的困惑和风险。家长有责任教会孩子如何保护自己，避免受到伤害。当确定孩子的恋爱关系后，给孩子提供有关健康关系的信息，讨论尊重、界限和责任等方面的重要性。帮助他们理解什么是健康的关系，以及如何处理感情和压力。

教会孩子尊重他人和自己的身体，明确交往中的界限，学会拒绝不合理的要求。家长适当地设定一些界限和规则，例如，约会的时间和地点、做好自我保护等，同时尊重孩子的隐私和自主权。同时让他们理解，这些规则只是为了保护他们。

家长要提前跟孩子自然而严肃地达成"恋爱协议"，无论感情多深，绝不能发生性行为。也可以借机进行一次性教育，让孩子明白性冲动是要付出代价的。引导孩子去畅想以后的美好生活，听一听孩子想要给自己另一半什么样子的生活，教会孩子正确的爱情观。

总之，当家长发现孩子有早恋的迹象后，家长不要紧张兮兮、上纲上线，甚至打骂孩子，这样孩子只会逆反心理严重，家长越想阻止，孩子越要"顶风作案"。

家长应以开明、冷静、理智和尊重的态度来处理，帮助孩子更好地理解自己的情感和行为，培养健康、负责任的观念。此时家长要化身为孩子的知心朋友，用真诚与信任拉近亲子关系，这样做往往会比空洞的说教拥有更好的效果。只要家长引导得当，孩子的早恋问题自然会迎刃而解。

如何跟孩子沟通性行为？

这个阶段的孩子有了性欲望，就很有可能发生性行为。家长一定不希望青春期的孩子发生性行为，但是家长如何跟孩子沟通呢？

进入青春期的孩子，非常希望自己有自主控制的能力，只要脱离了家长的视线，他们可能就是脱缰的马。面对孩子，尤其已经陷入早恋的孩子，家长一定不要强硬管教，严防死守。过于强制的行为，反而可能激起孩子的叛逆心，讨厌家长横加干涉自己的生活。

　　家长要做的就是提前做好预防工作，以及心平气和地跟孩子沟通过早发生性行为可能引起的后果。比如在孩子进入青春期之前，就跟孩子讲一讲性教育的有关知识，培养他们做决定，对自己、对他人负责任的能力。要与孩子讨论有关性行为的各种问题，比如恋人之间相处、避孕事宜，为孩子提供尽可能多的知识和信息，让孩子能够在充分了解各种信息的情况下做出知情选择。

　　家长要明确表态，不希望孩子过早发生性行为，尤其成年前。从自己的人生经验谈起，告诉孩子在青春期发生性行为可能会带来的诸多问题。一时的性行为，可能让自己获得了暂时的性快感，但可能影响以后的情绪、学习，如果没做好避孕，还可能面临怀孕、流产、感染疾病等各种风险。

　　如果真的发生了性行为，请孩子一定保证是安全的。

　　首先，要征得对方的同意，当你想和别人发生性行为时，对方是有权利拒绝的。当别人对自己提出性邀约时，自己也要考虑清楚，当自己心中并不确定或不情愿的时候，要明确拒绝对方。当遇到别人做感情胁迫时，比如"如果你不和我做爱，我就和你分手！"或"你不和我做爱就说明你不爱我！"这些胁迫性的求爱，并不是真正的爱情，不要让自己勉强接受，因为"真正喜欢别人的人，不会强迫对方去做任何不喜欢做的事情"。

　　其次，一定要用安全套避孕，这样做不仅能够避孕，对他人负责，还能够预防性传播疾病，对自己负责。告诉孩子在哪里能够购买安全套，如何使用安全套等。

　　最后，要保证发生场所的安全性。不要选择不卫生的小旅馆，或其他任何不安全、不卫生的场所。